Dieses Buch gehört

Name:

Alter:

Adresse:

Email:

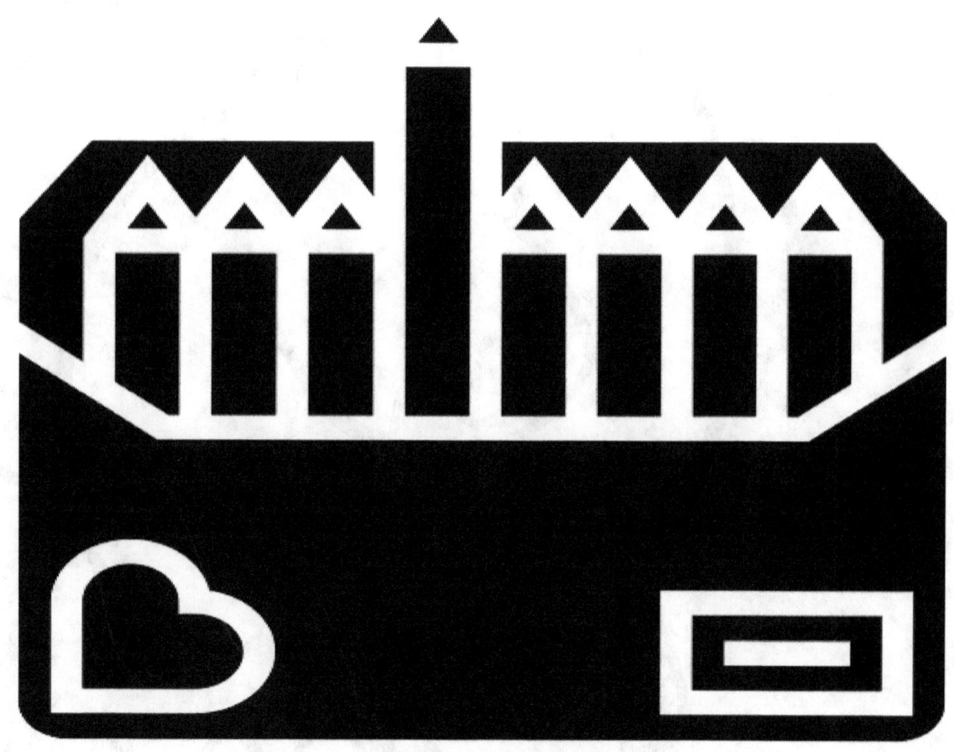

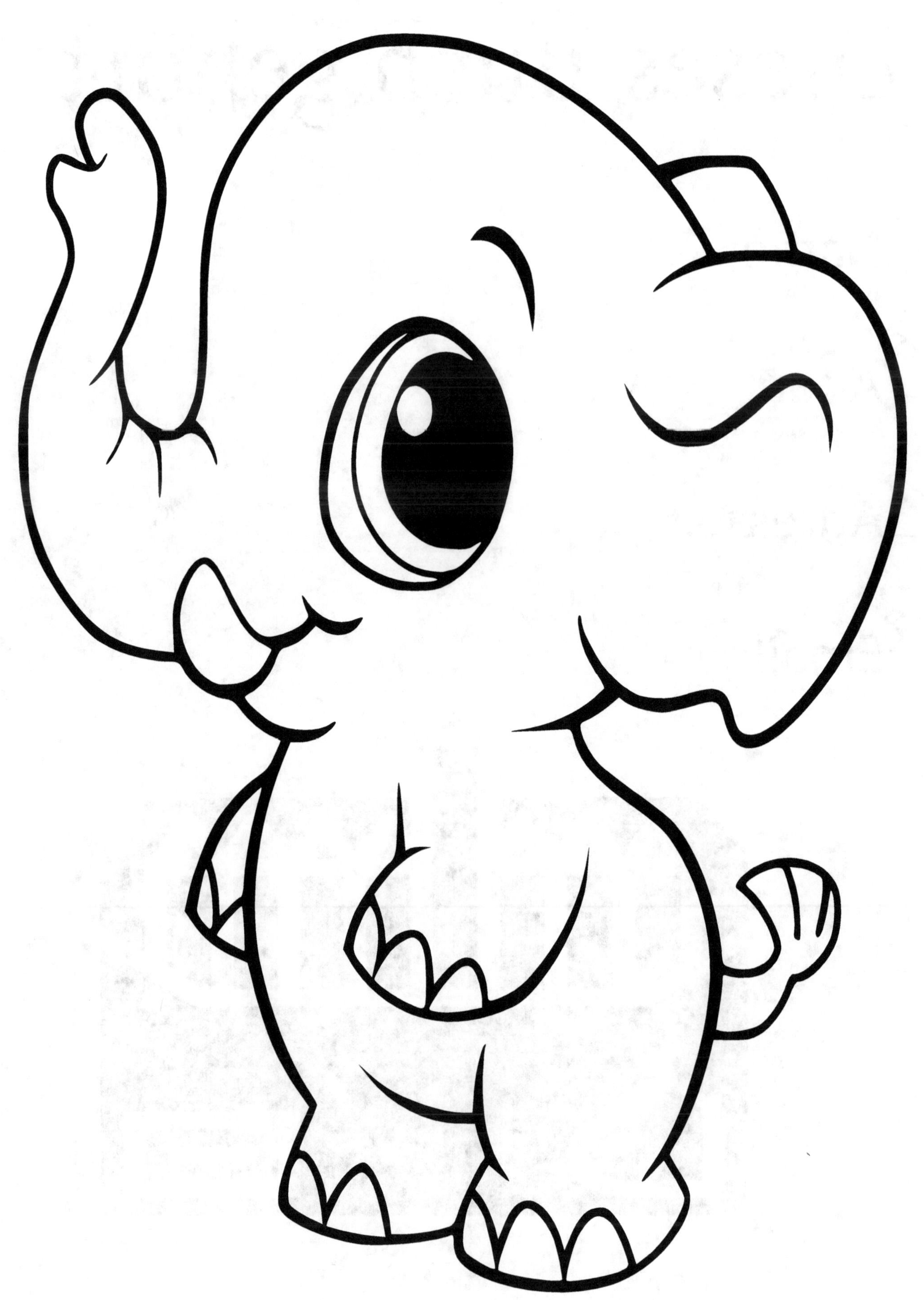

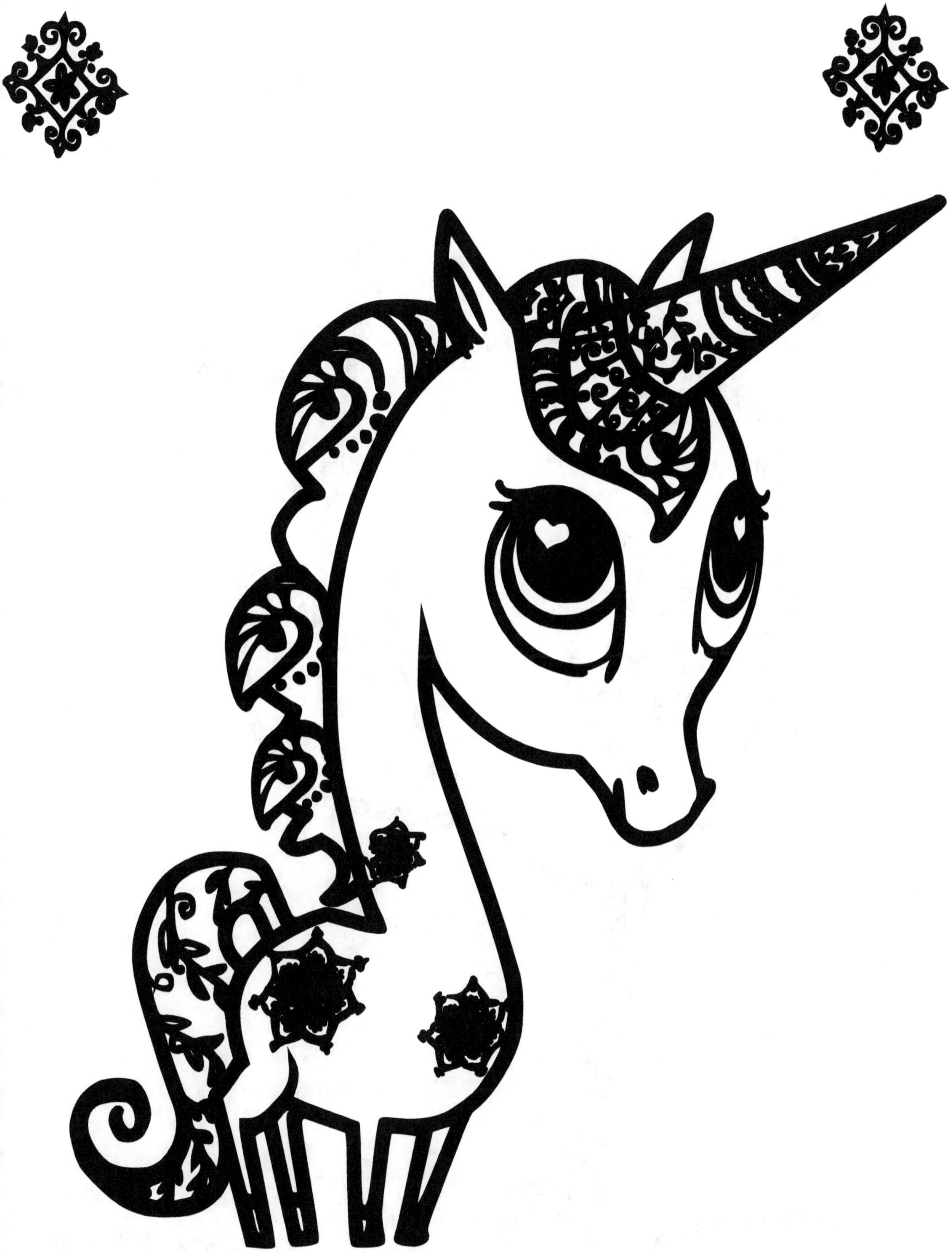

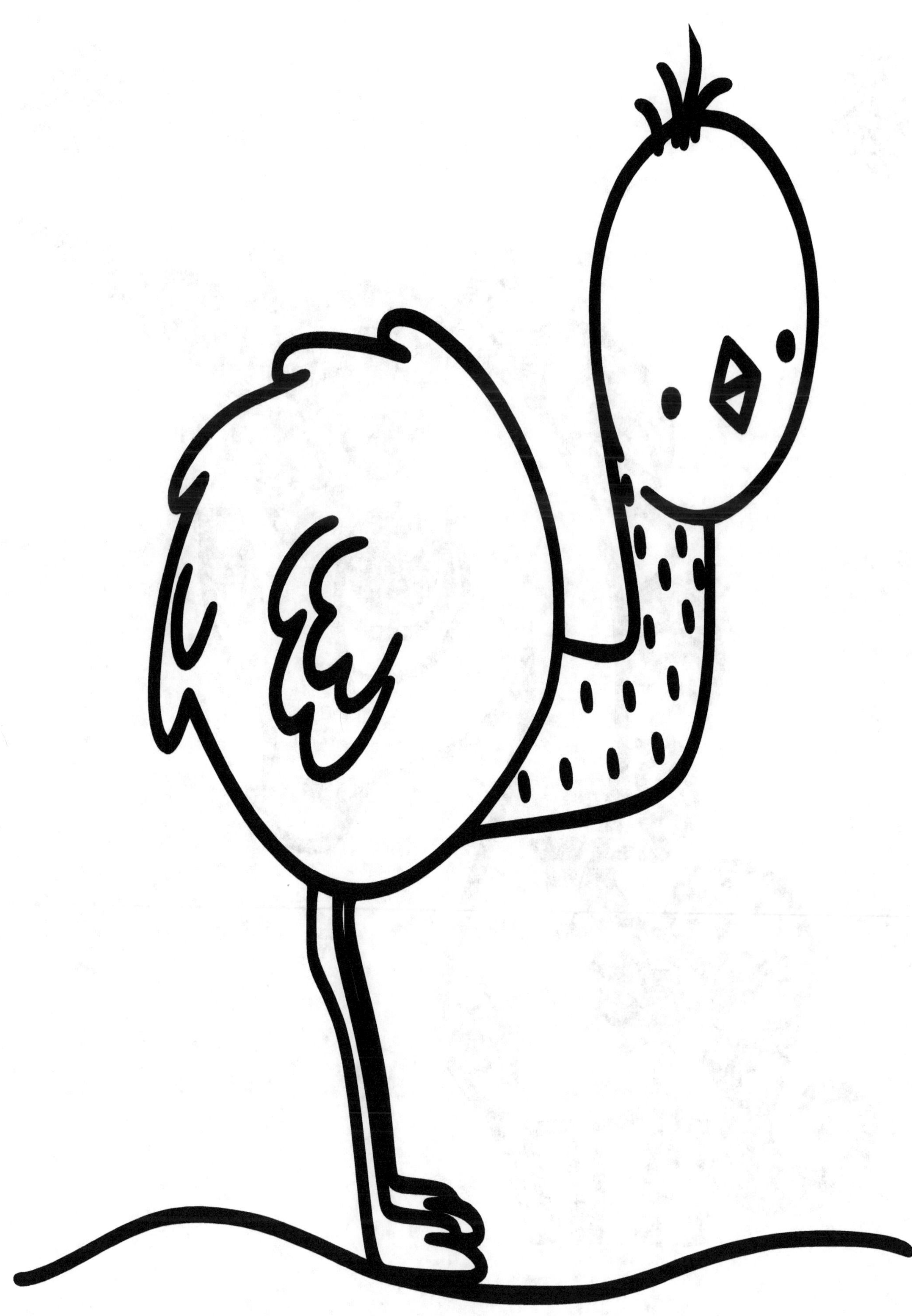

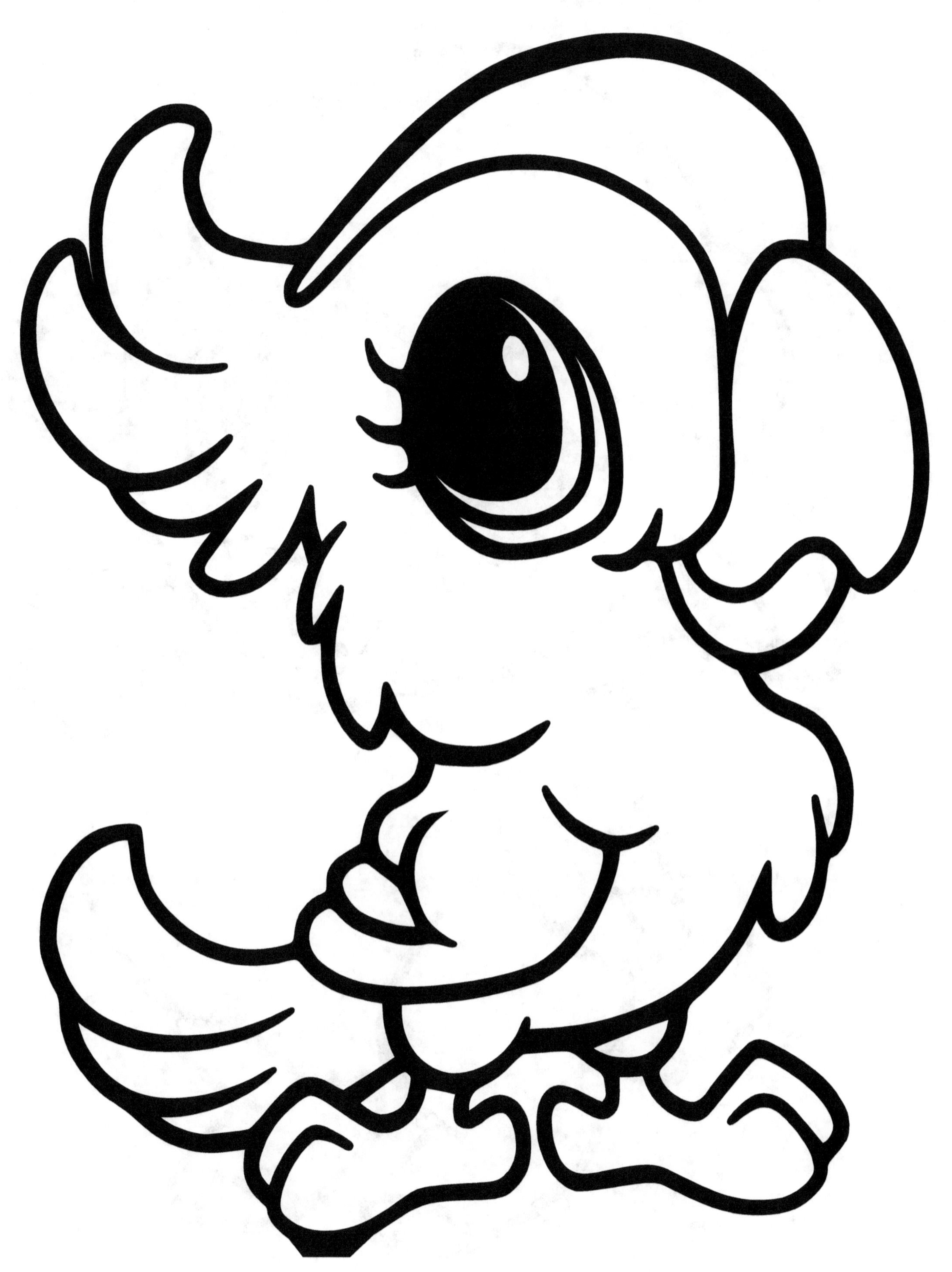

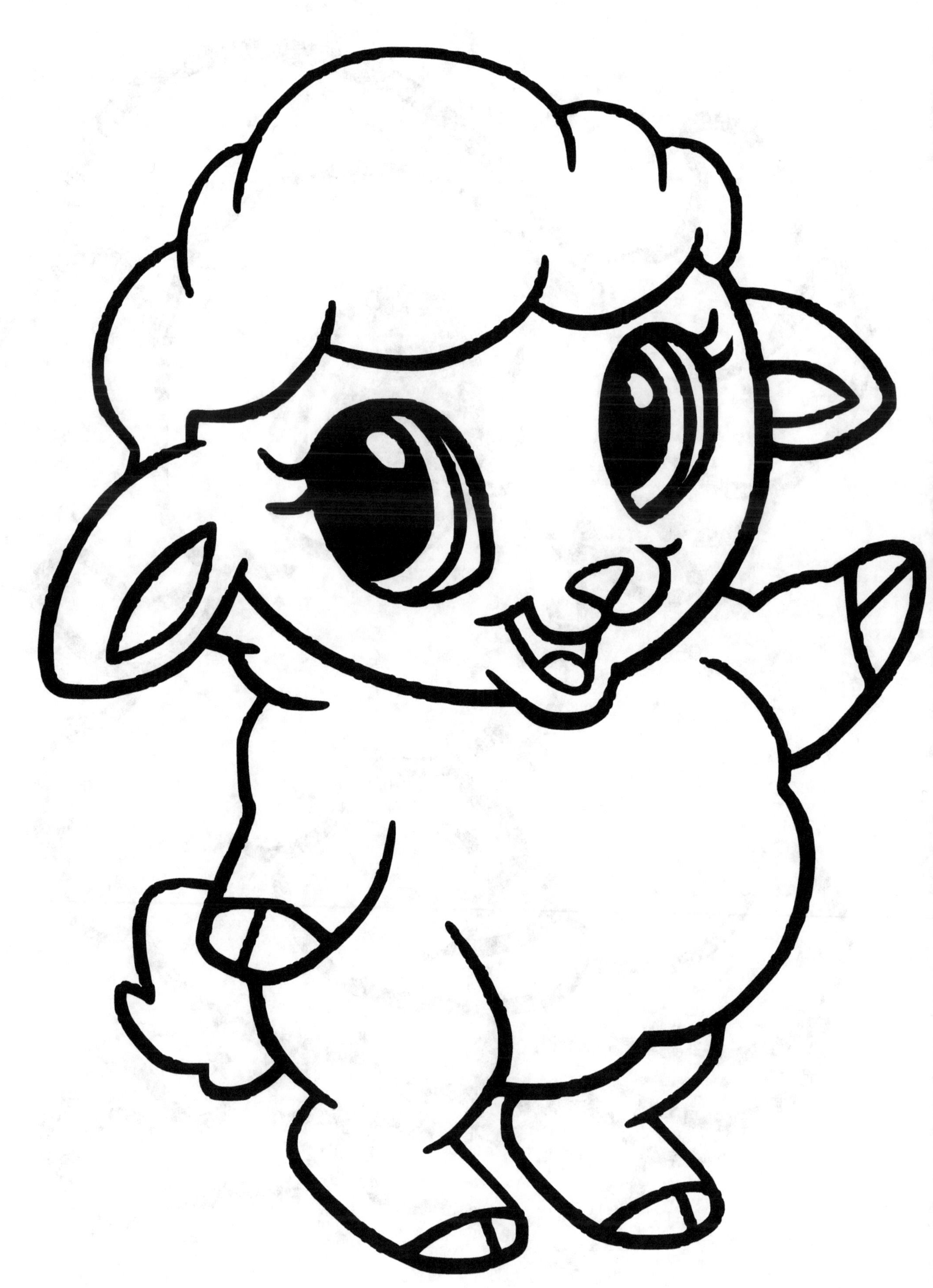

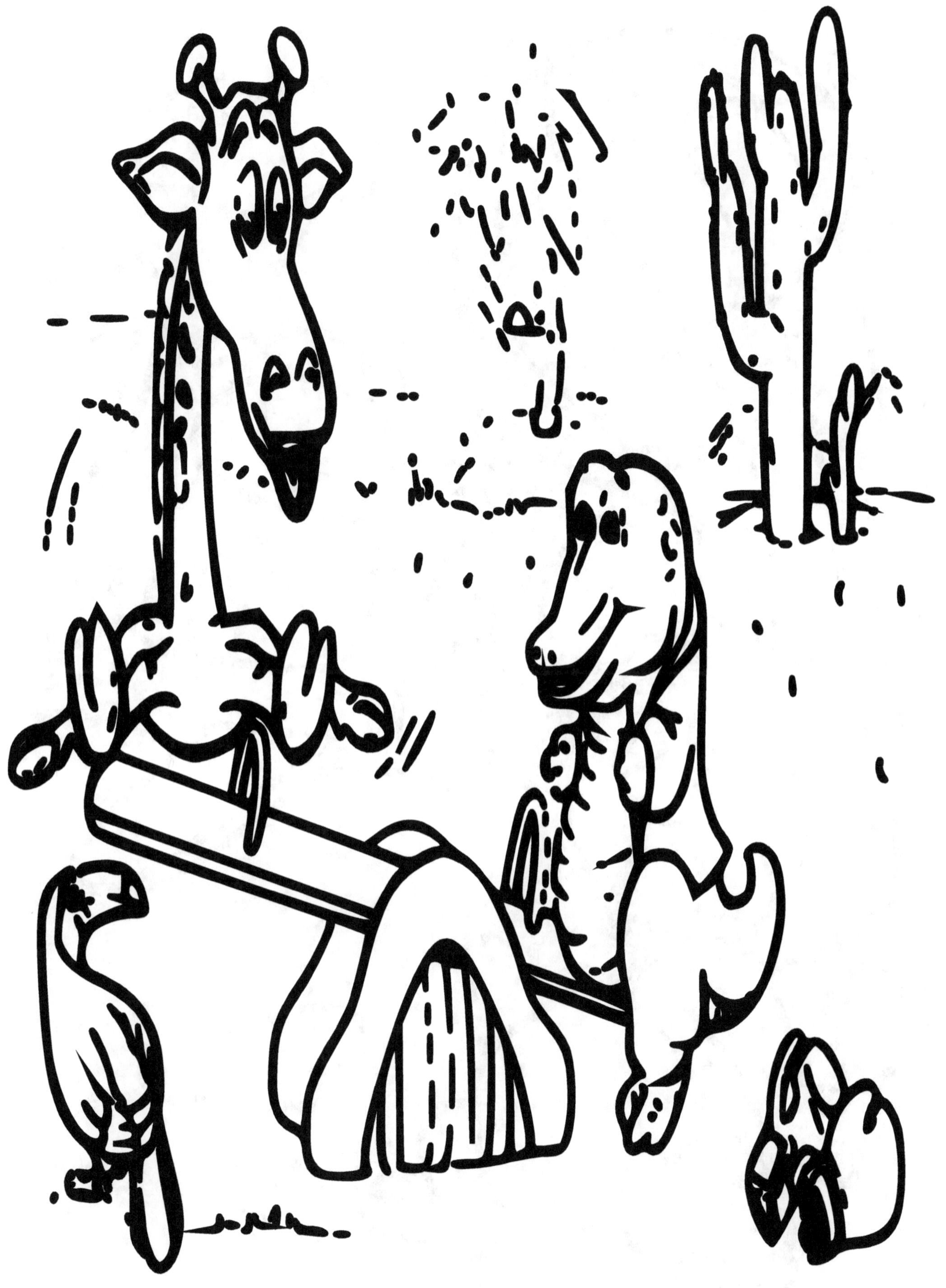

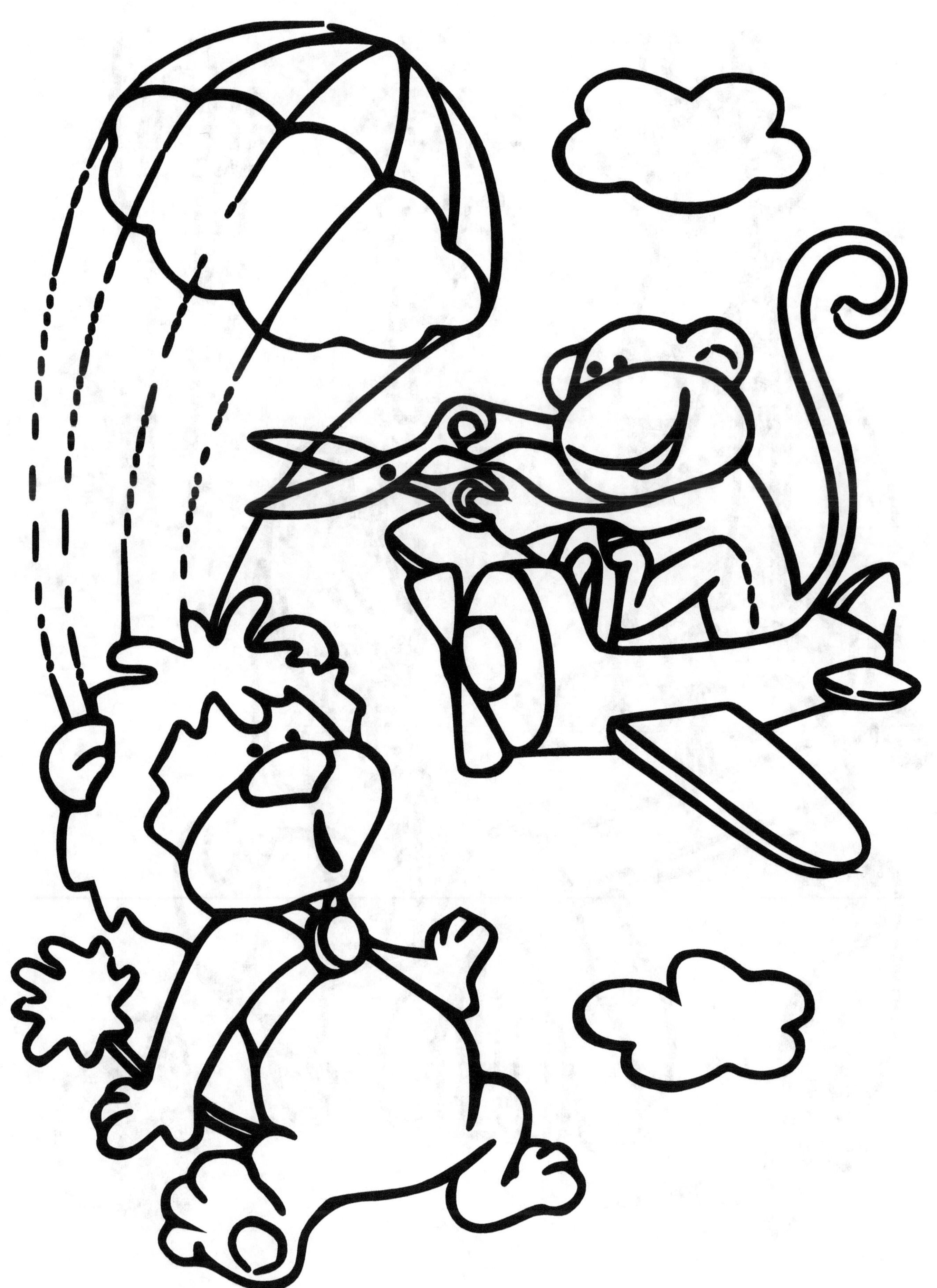

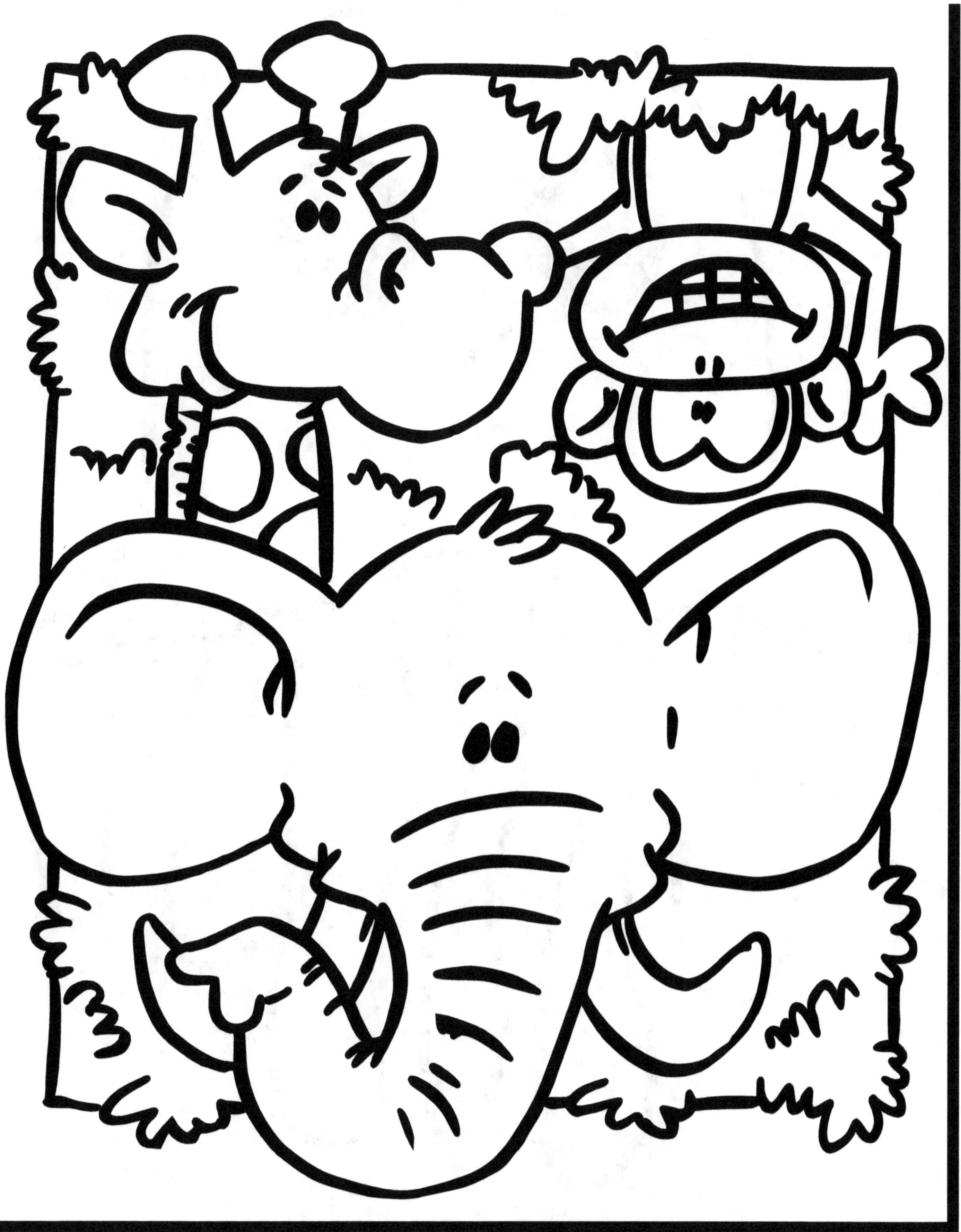

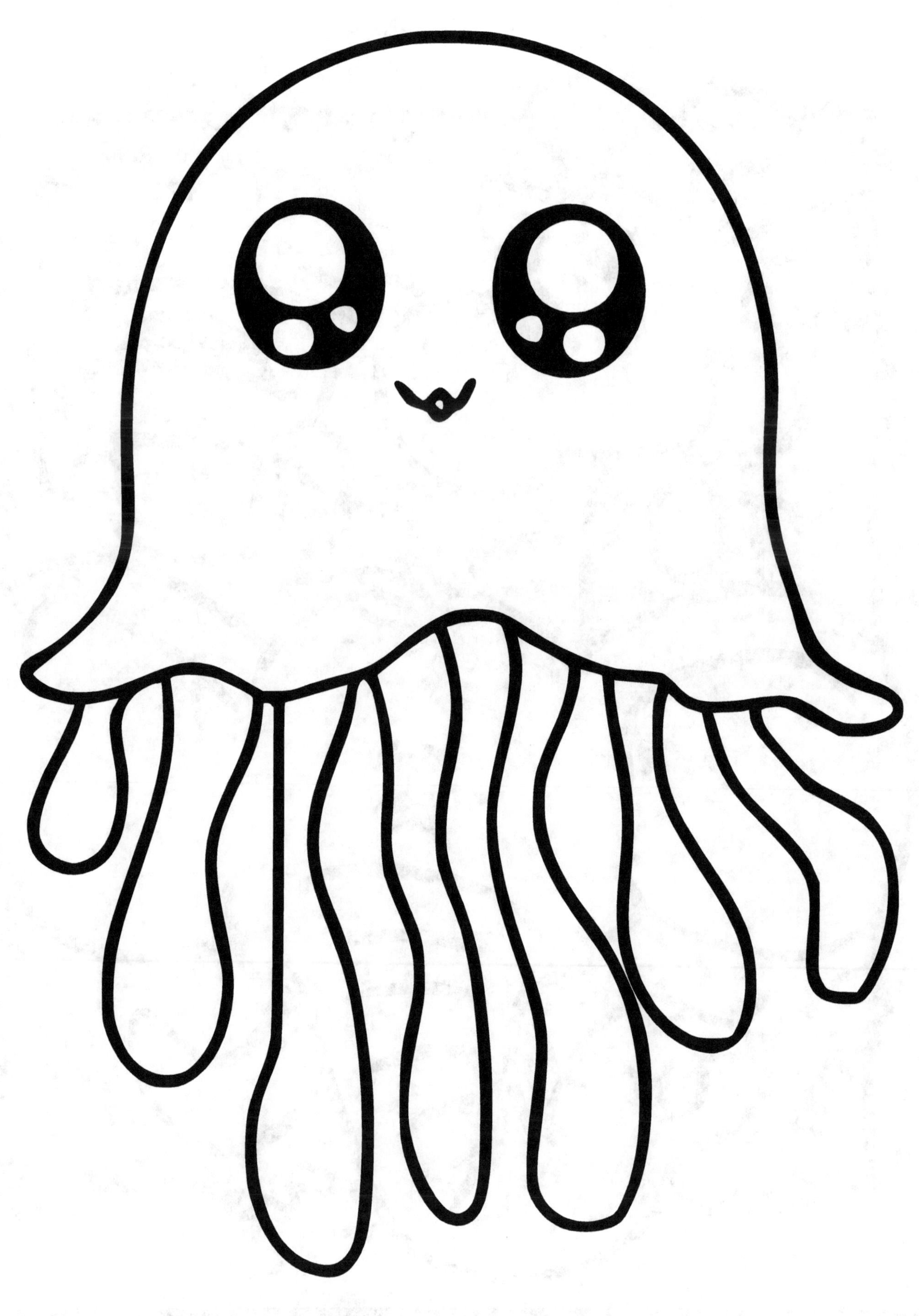

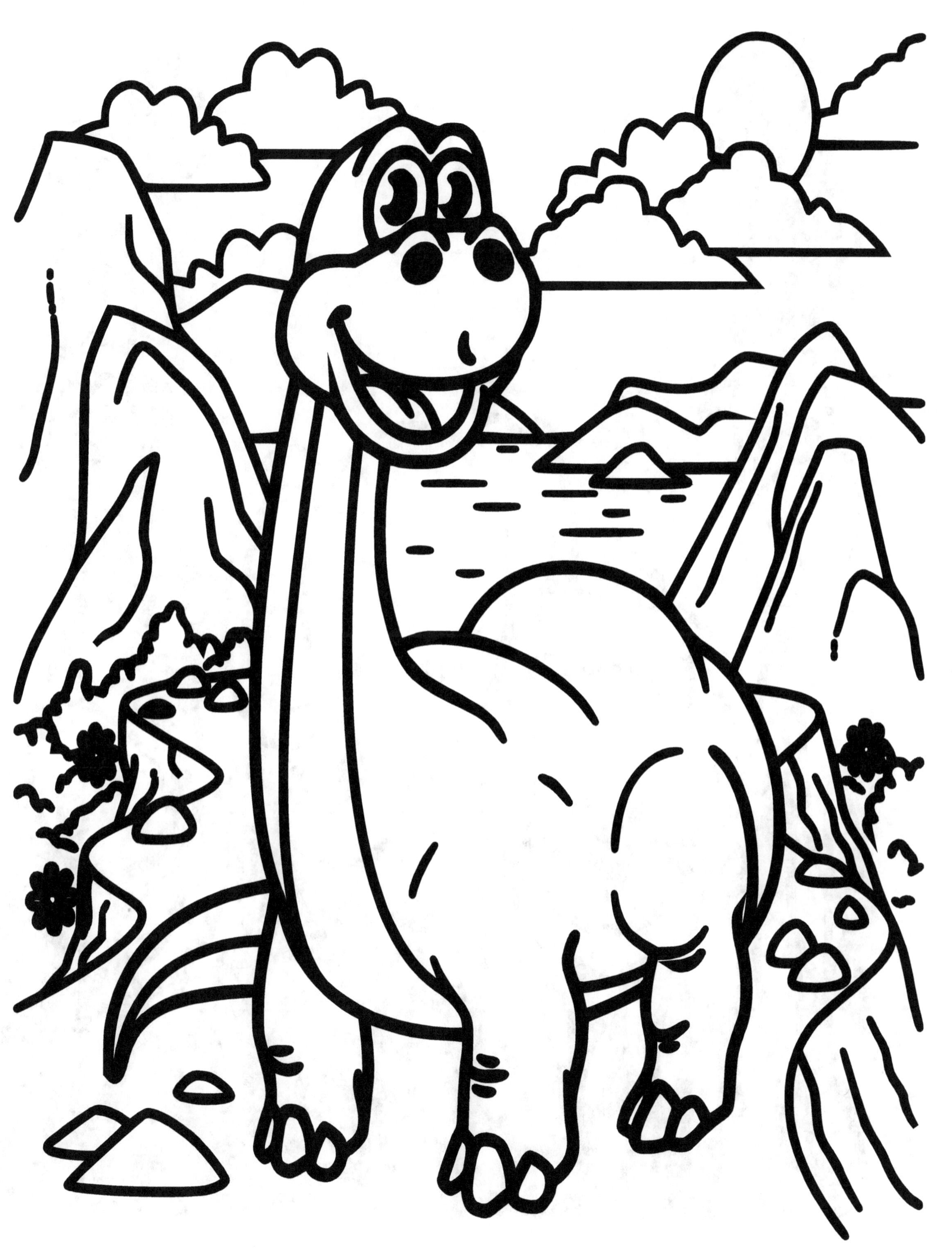

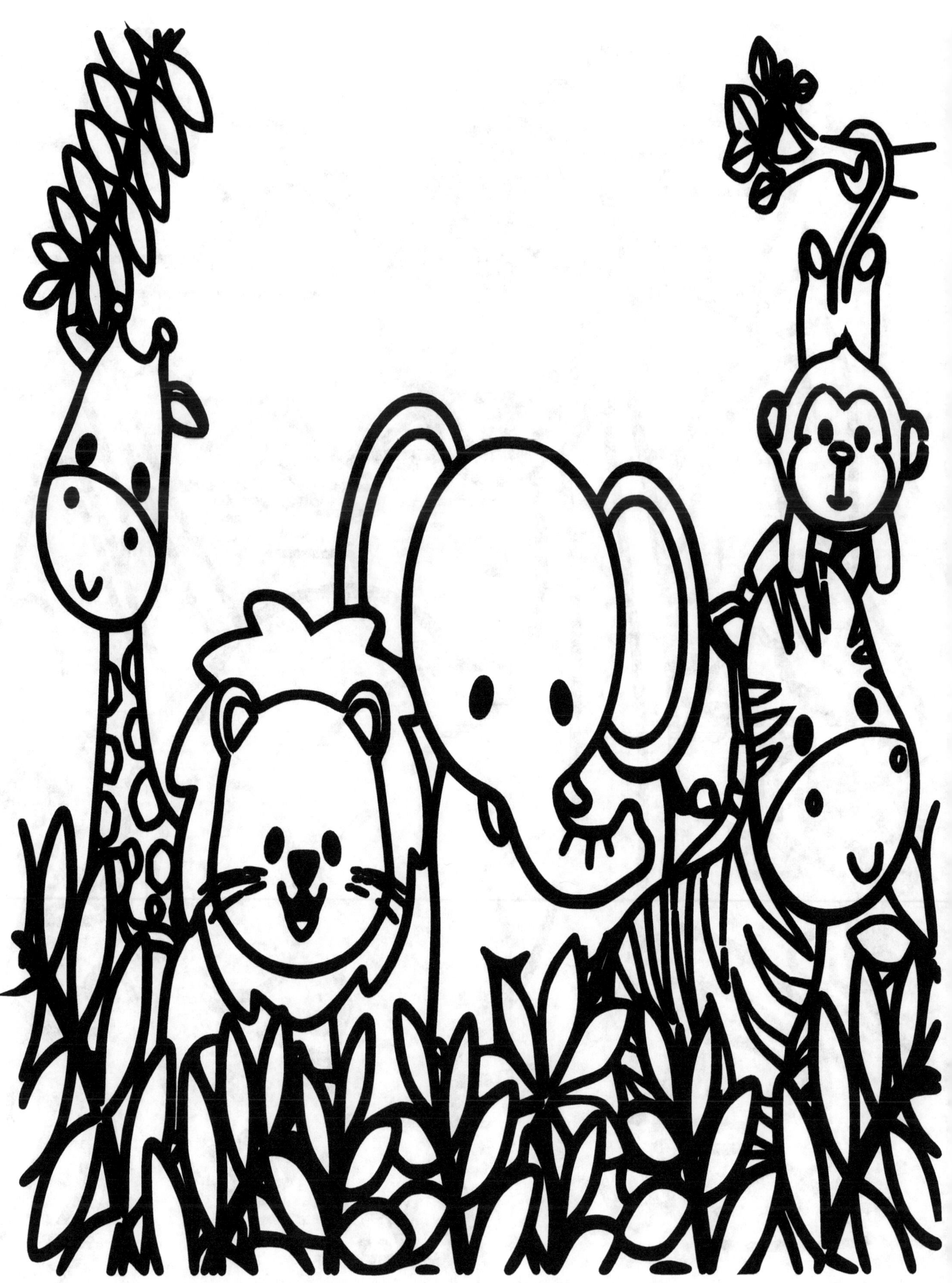

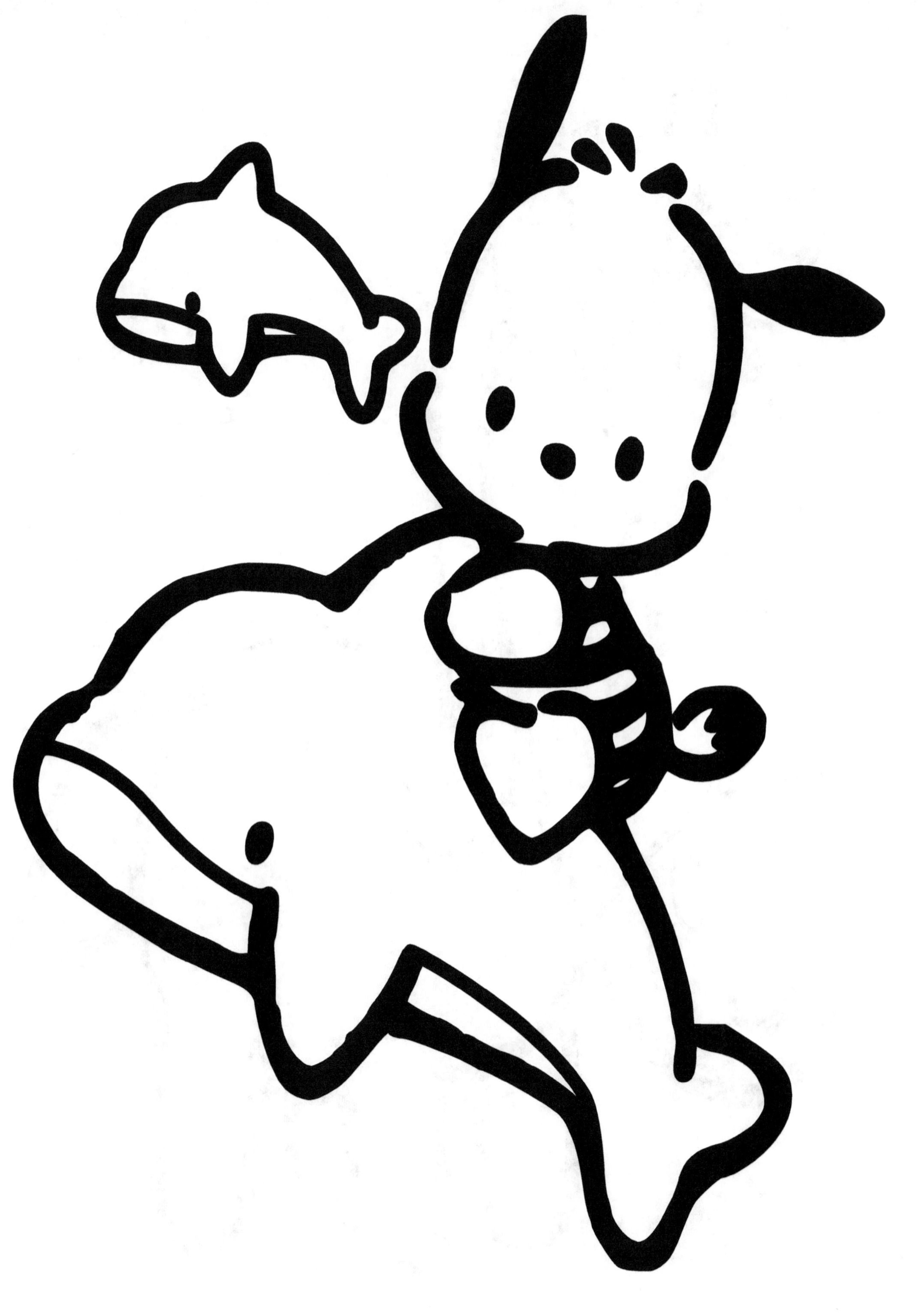

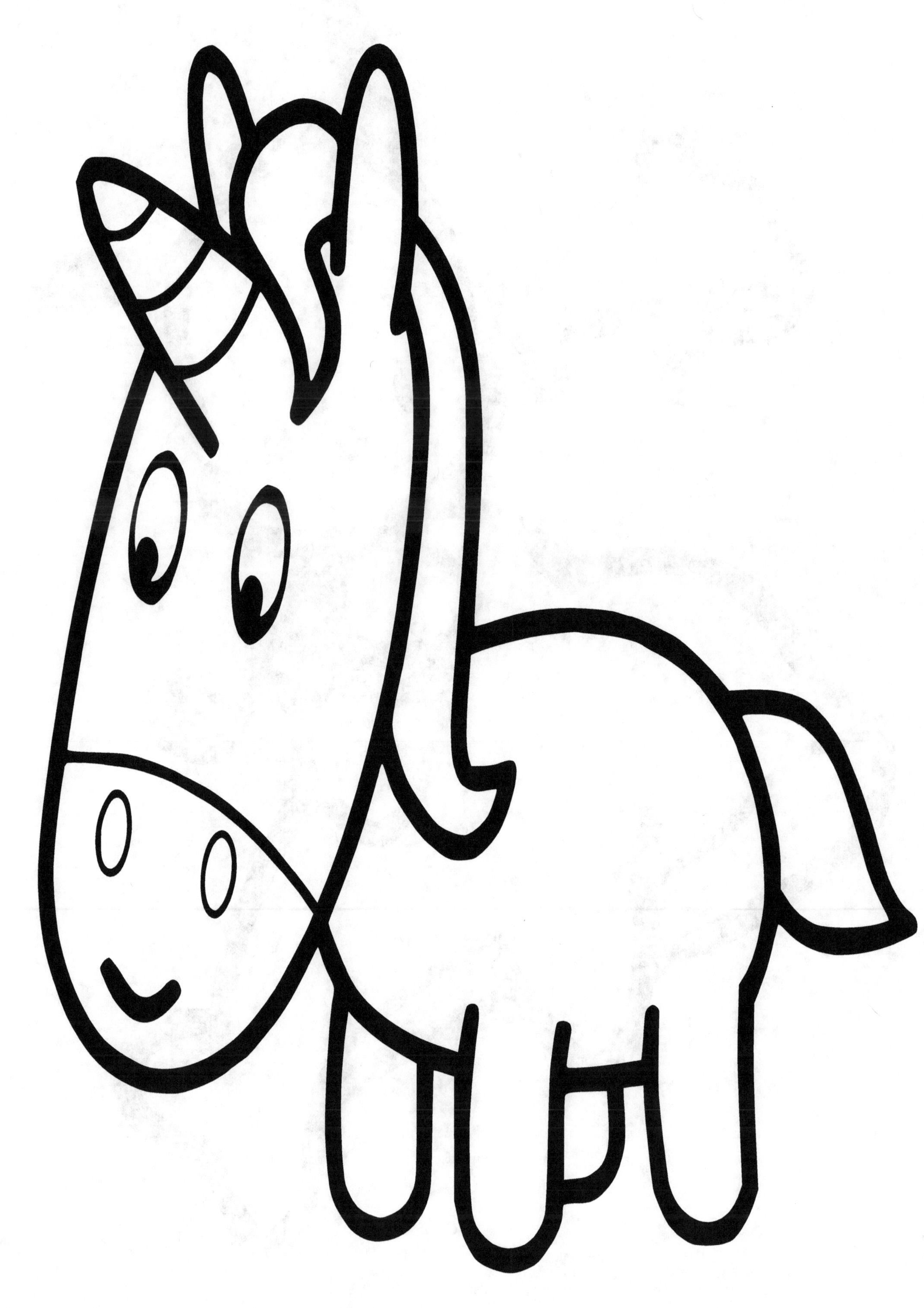

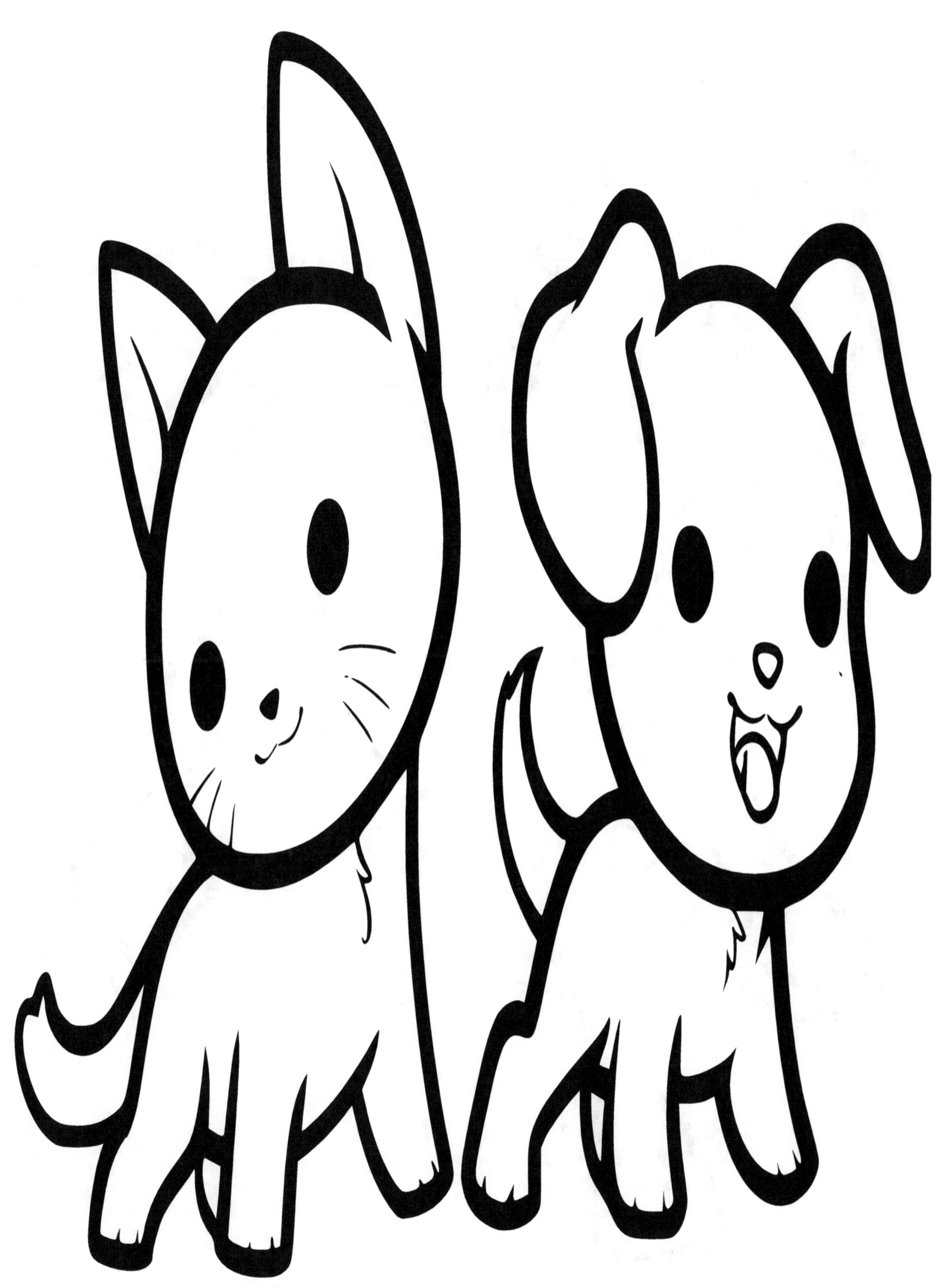

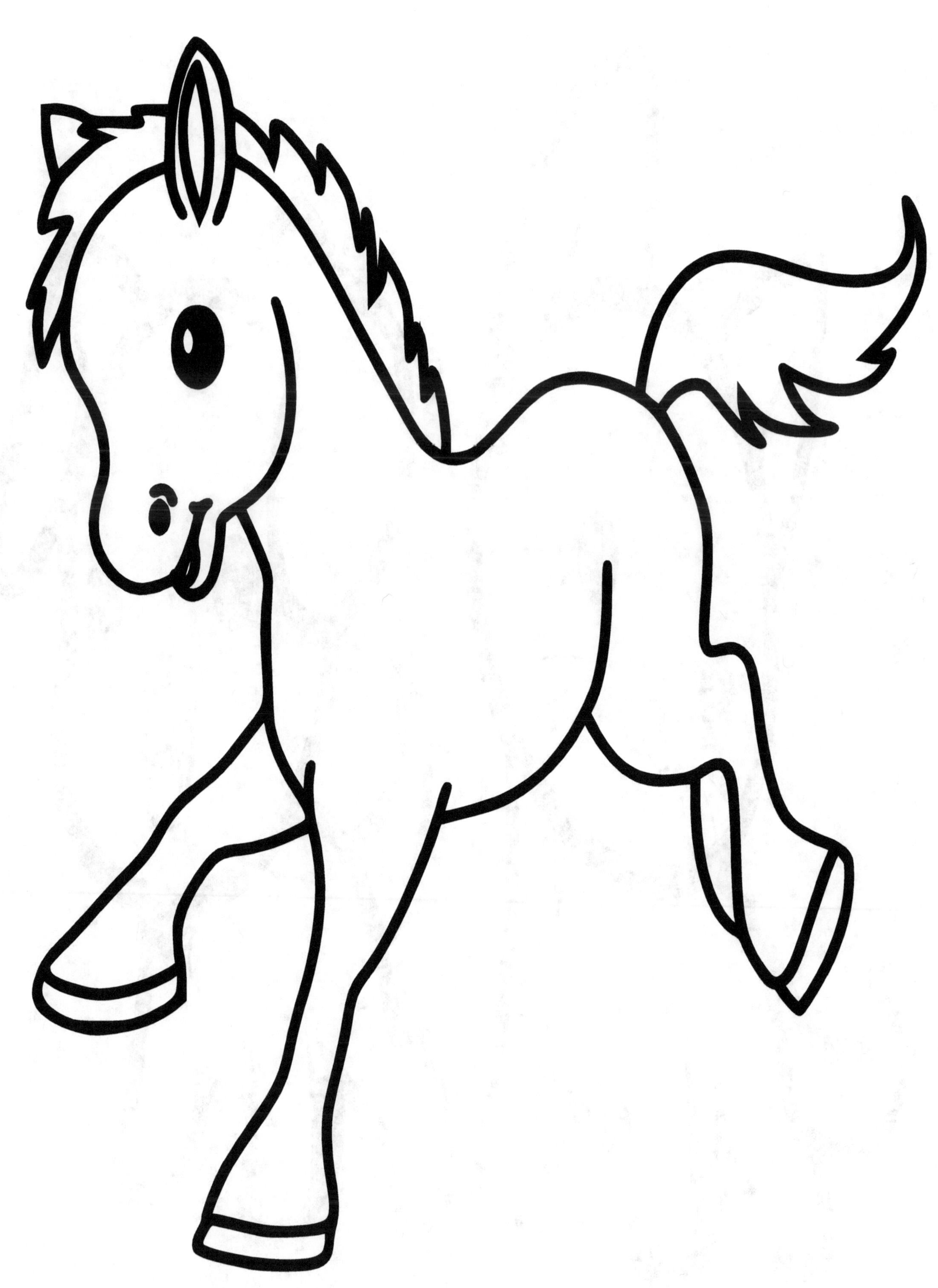

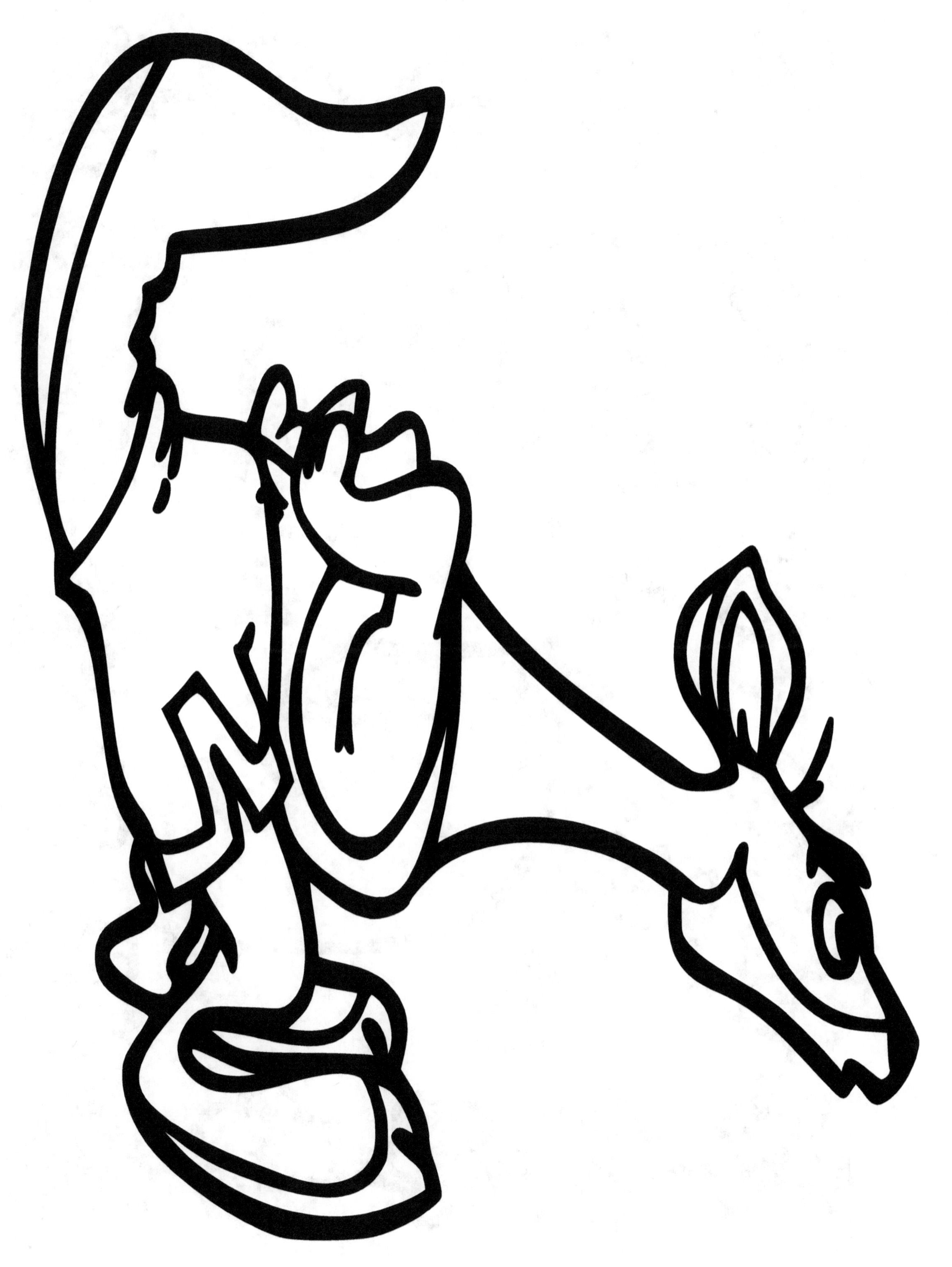

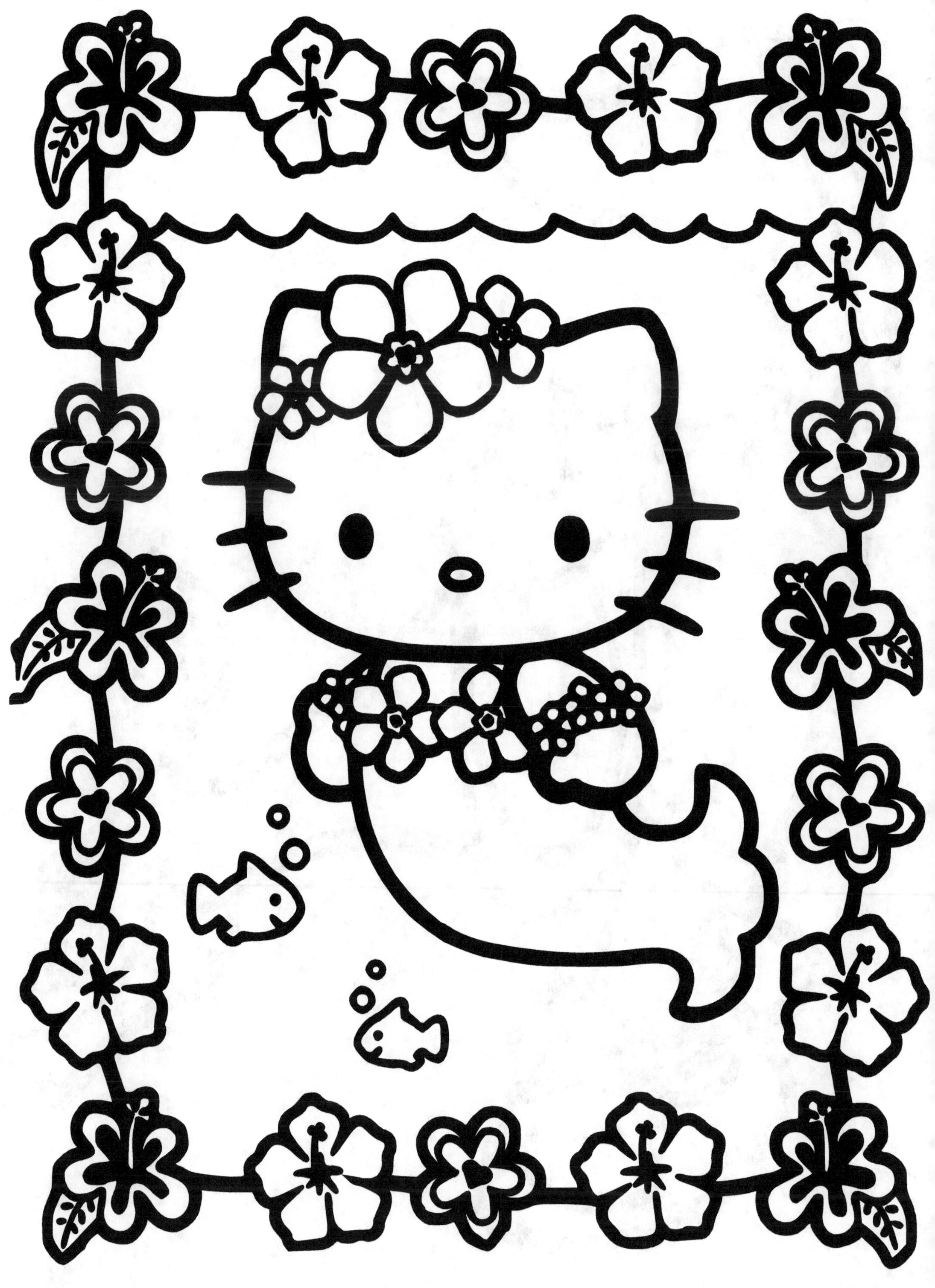

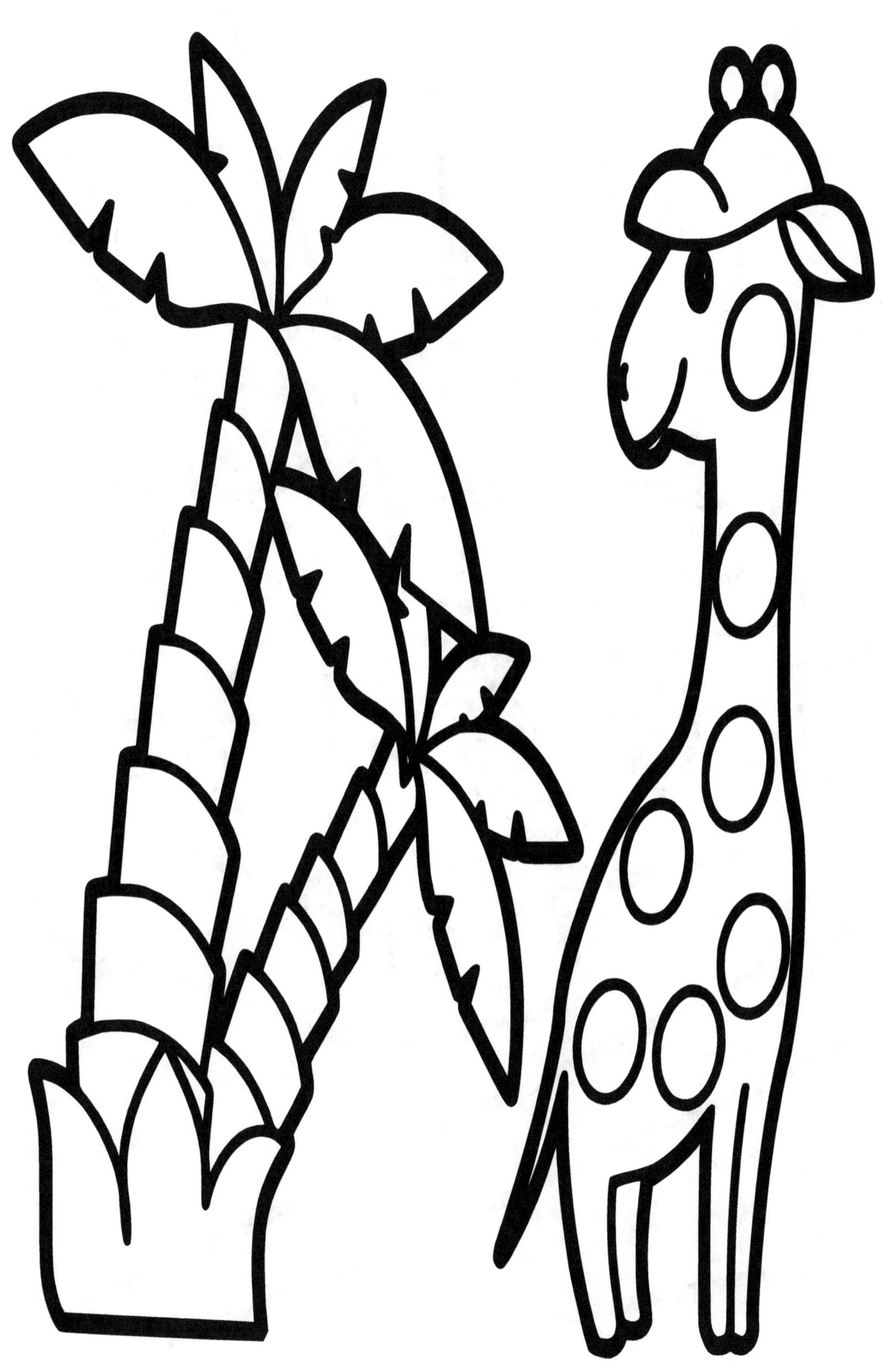

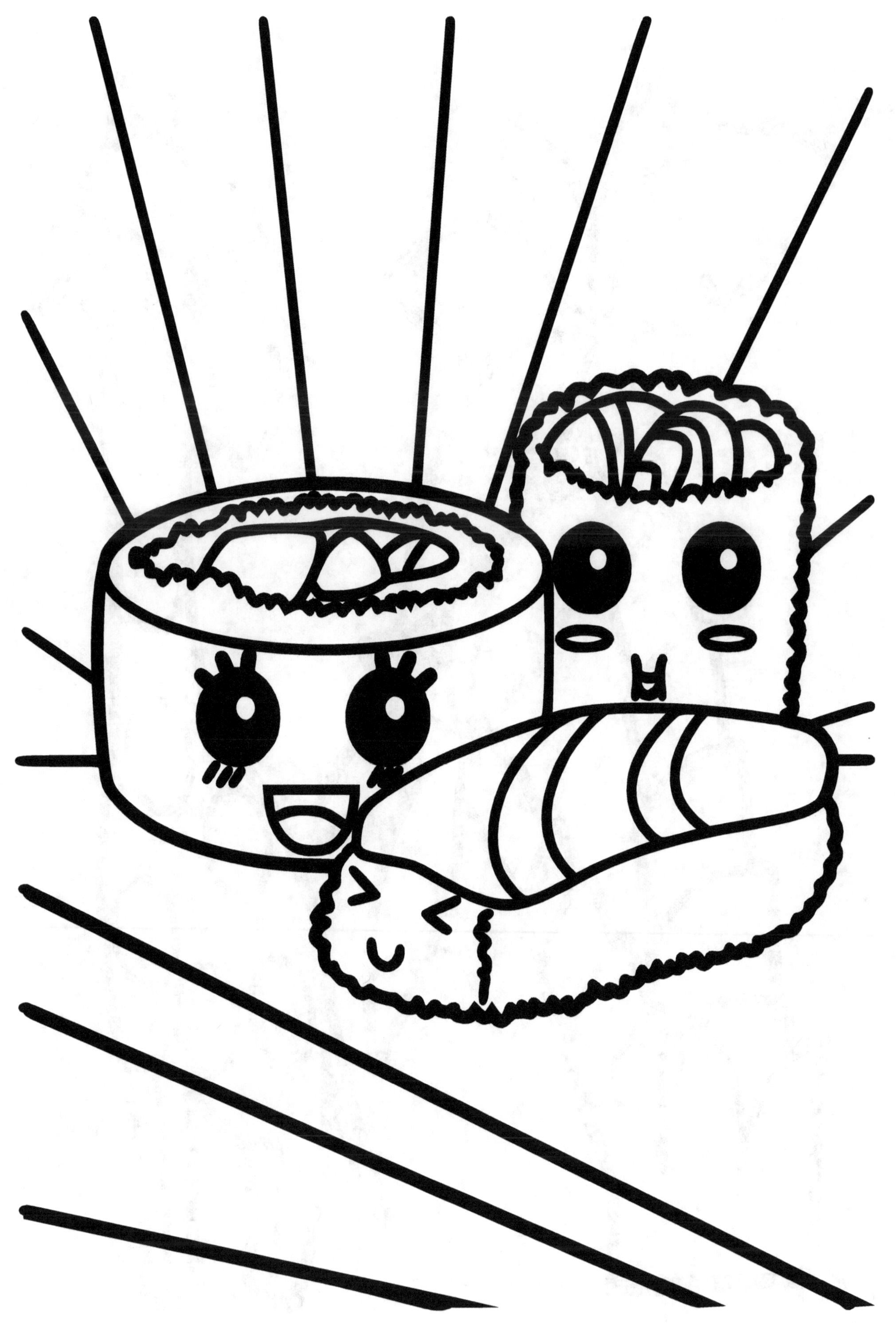

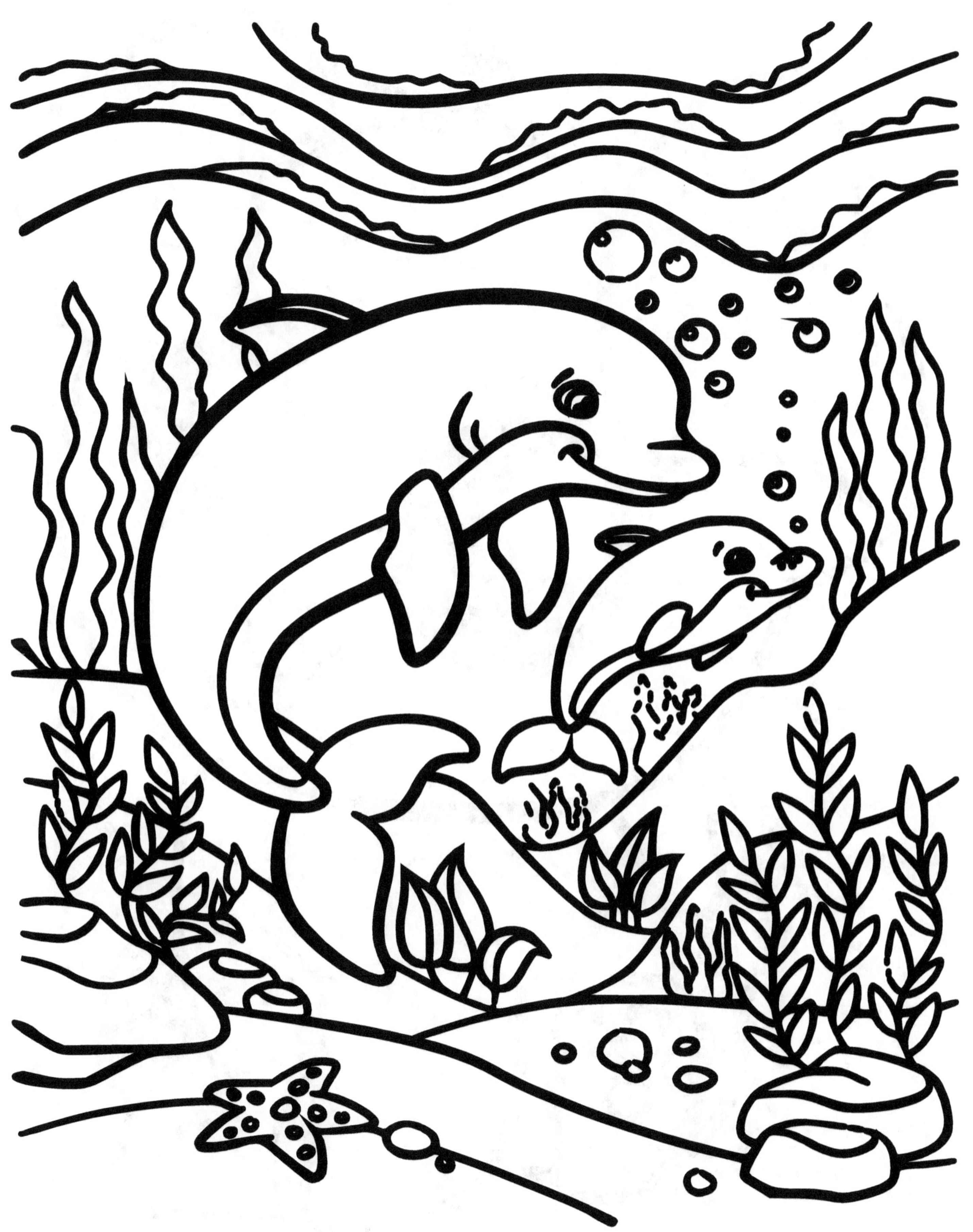

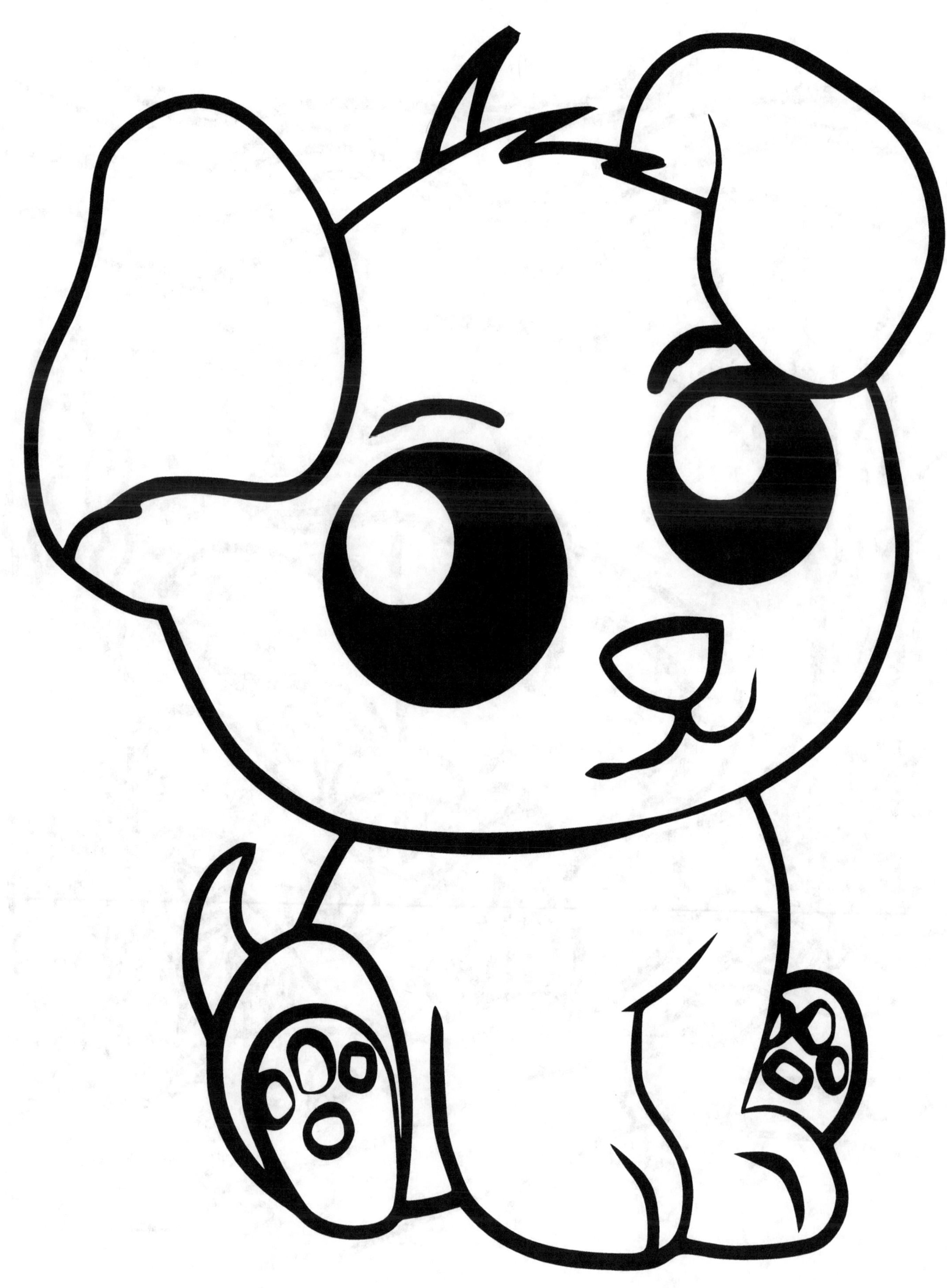

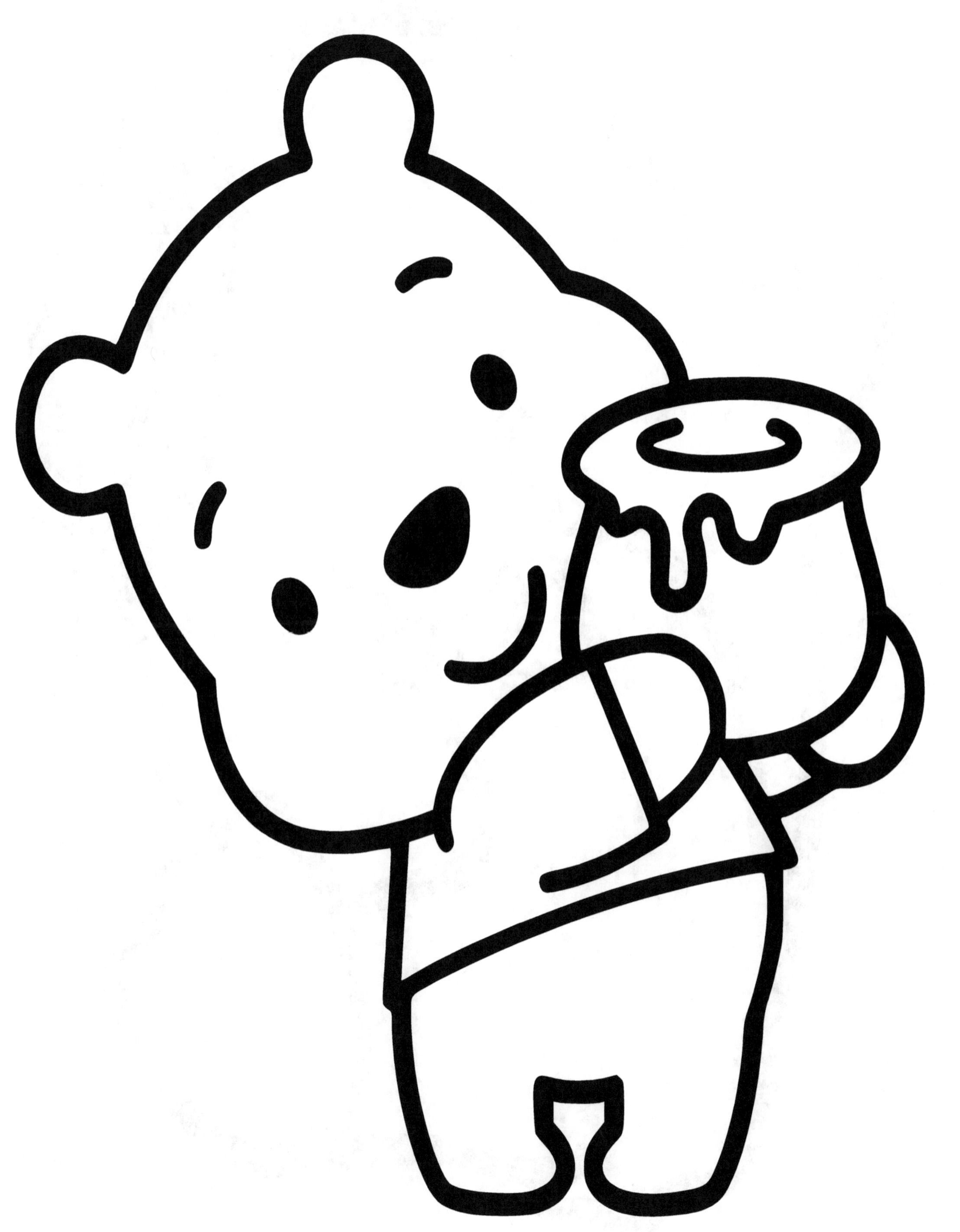

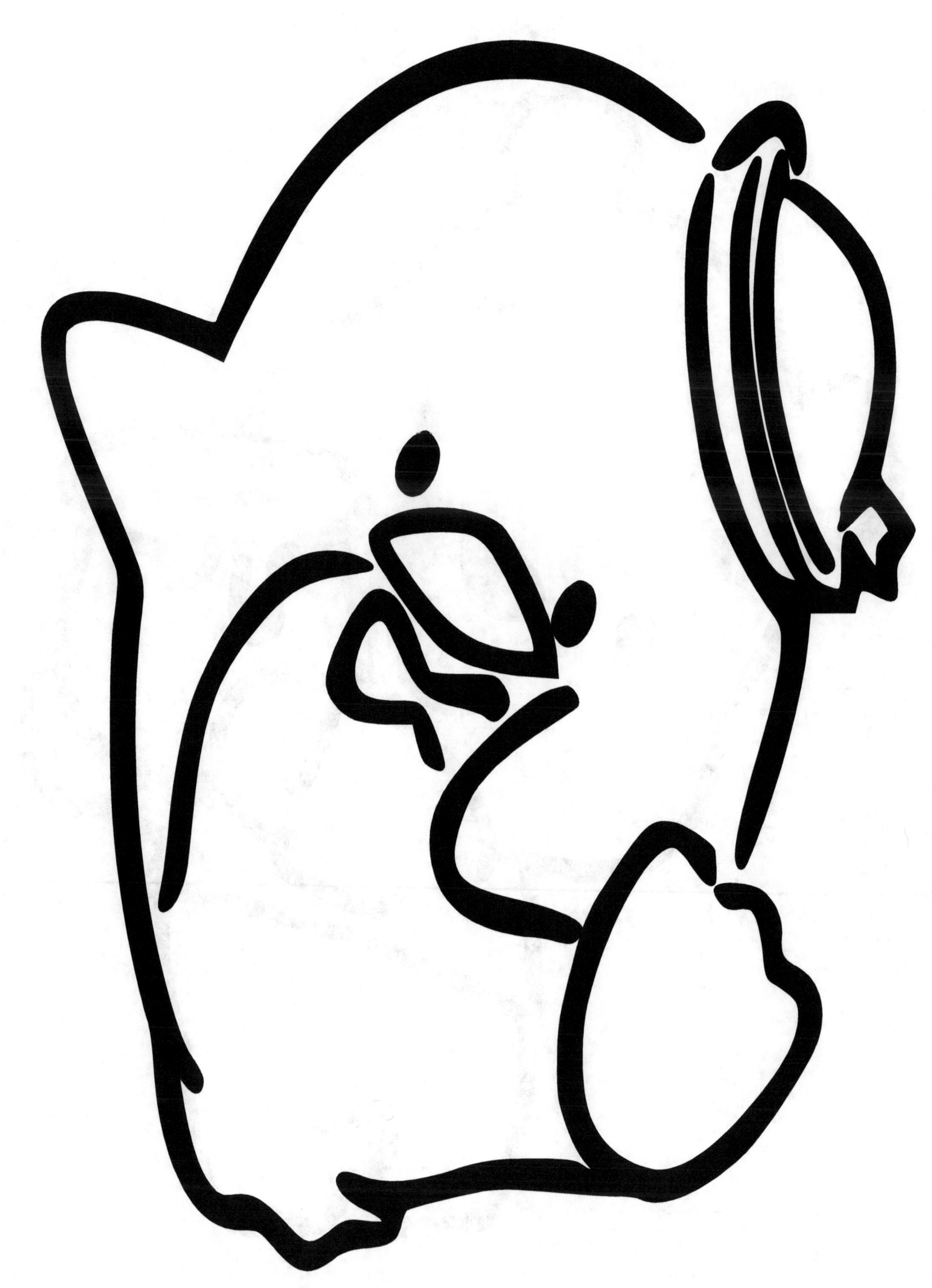

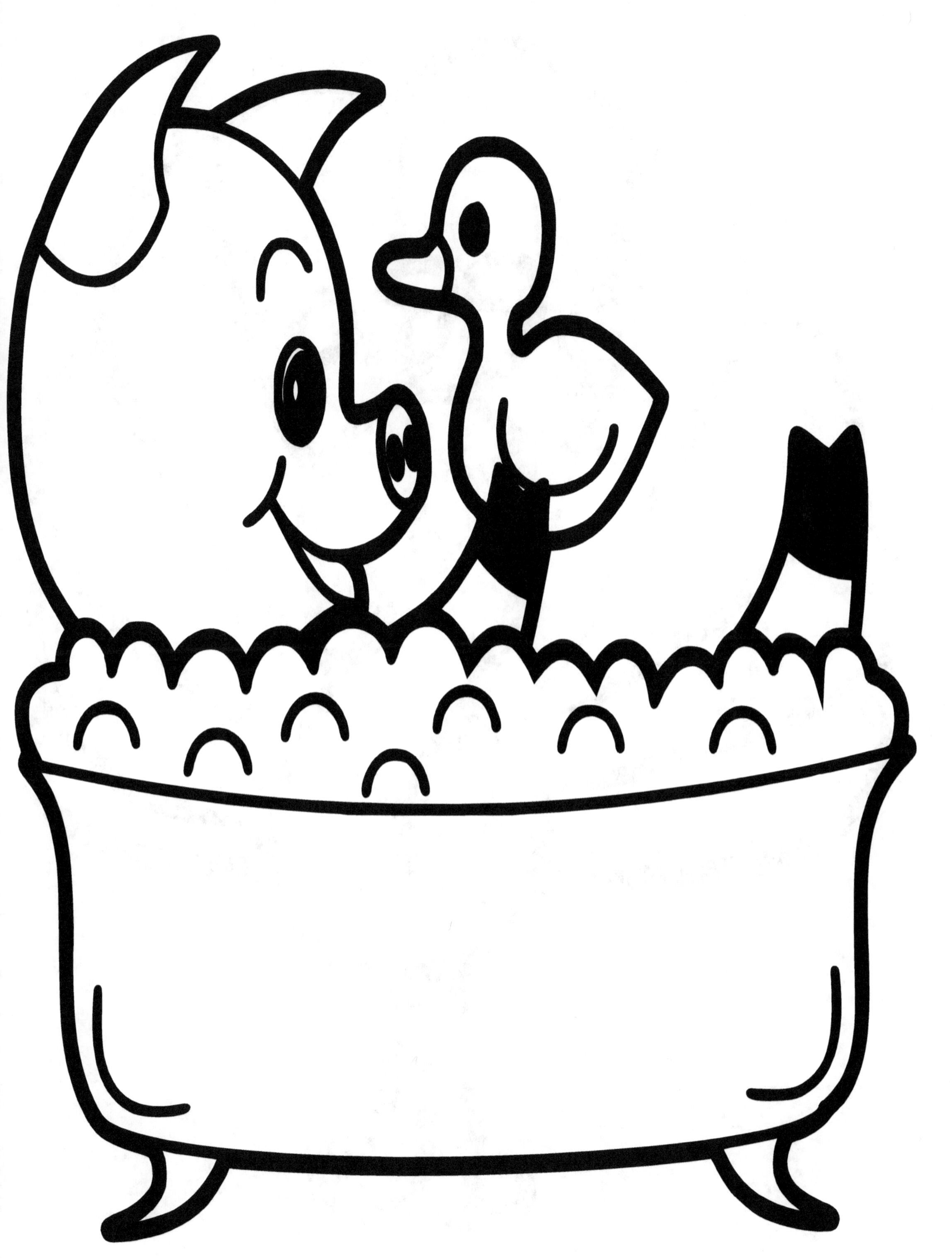

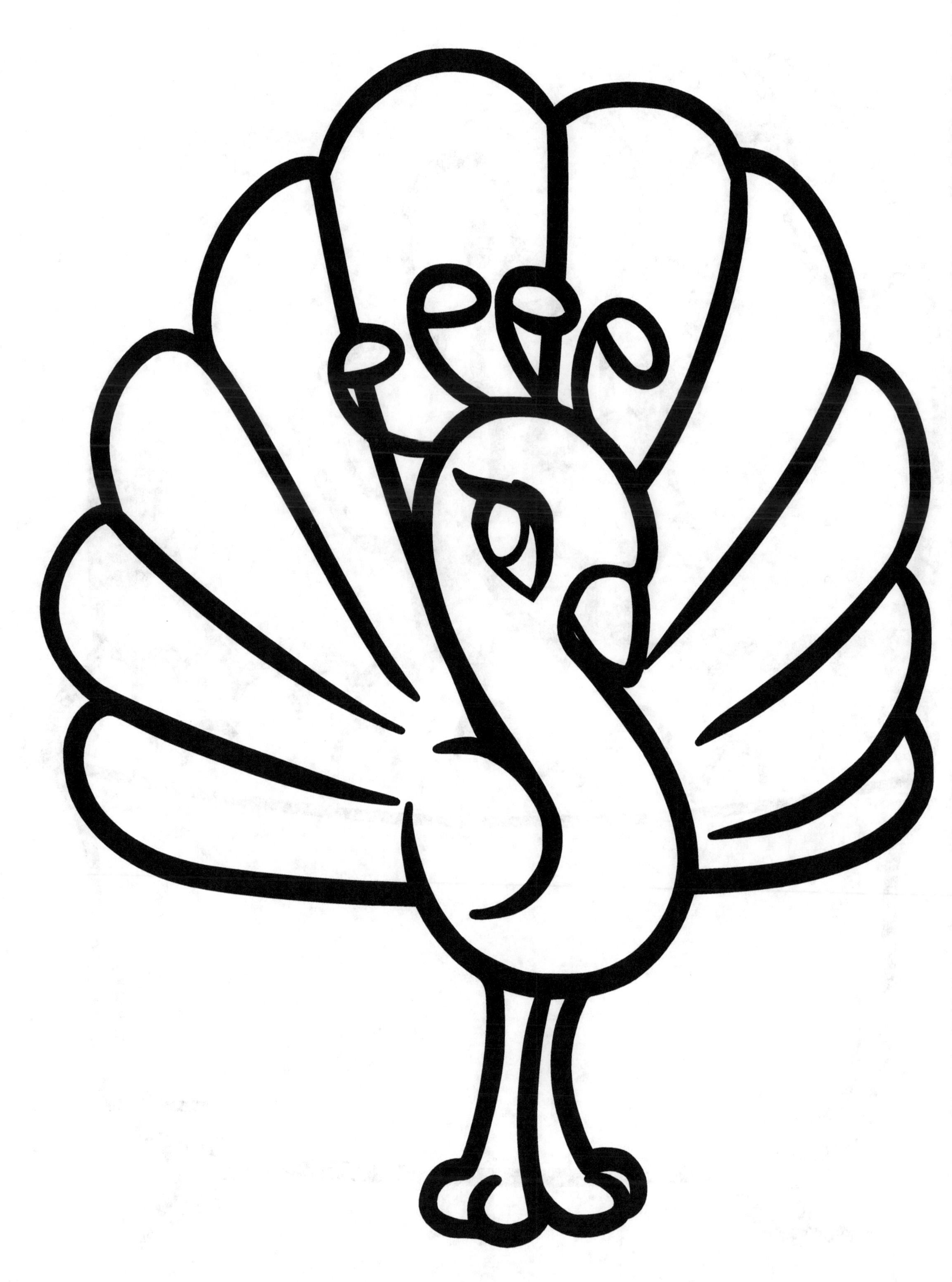

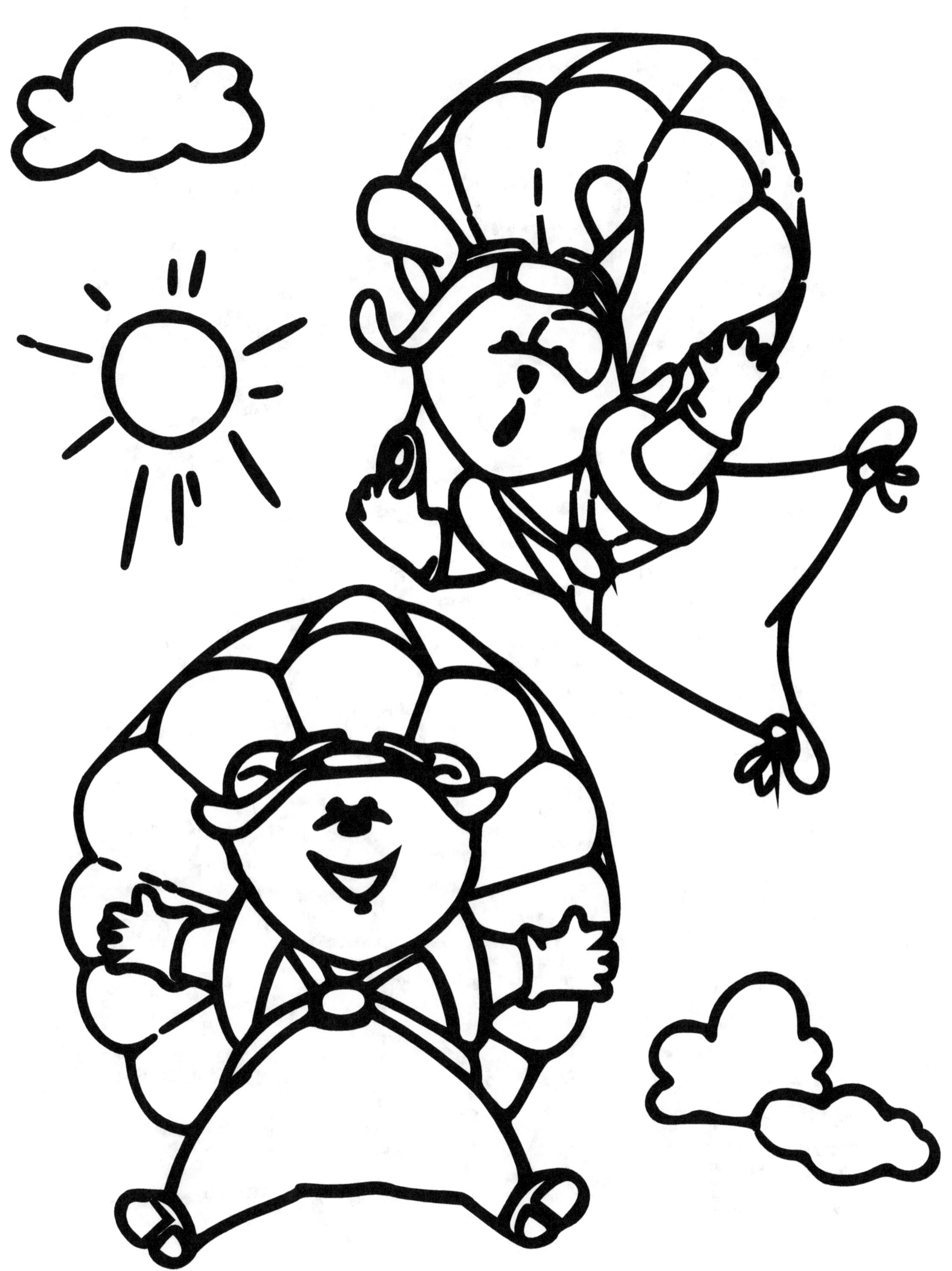

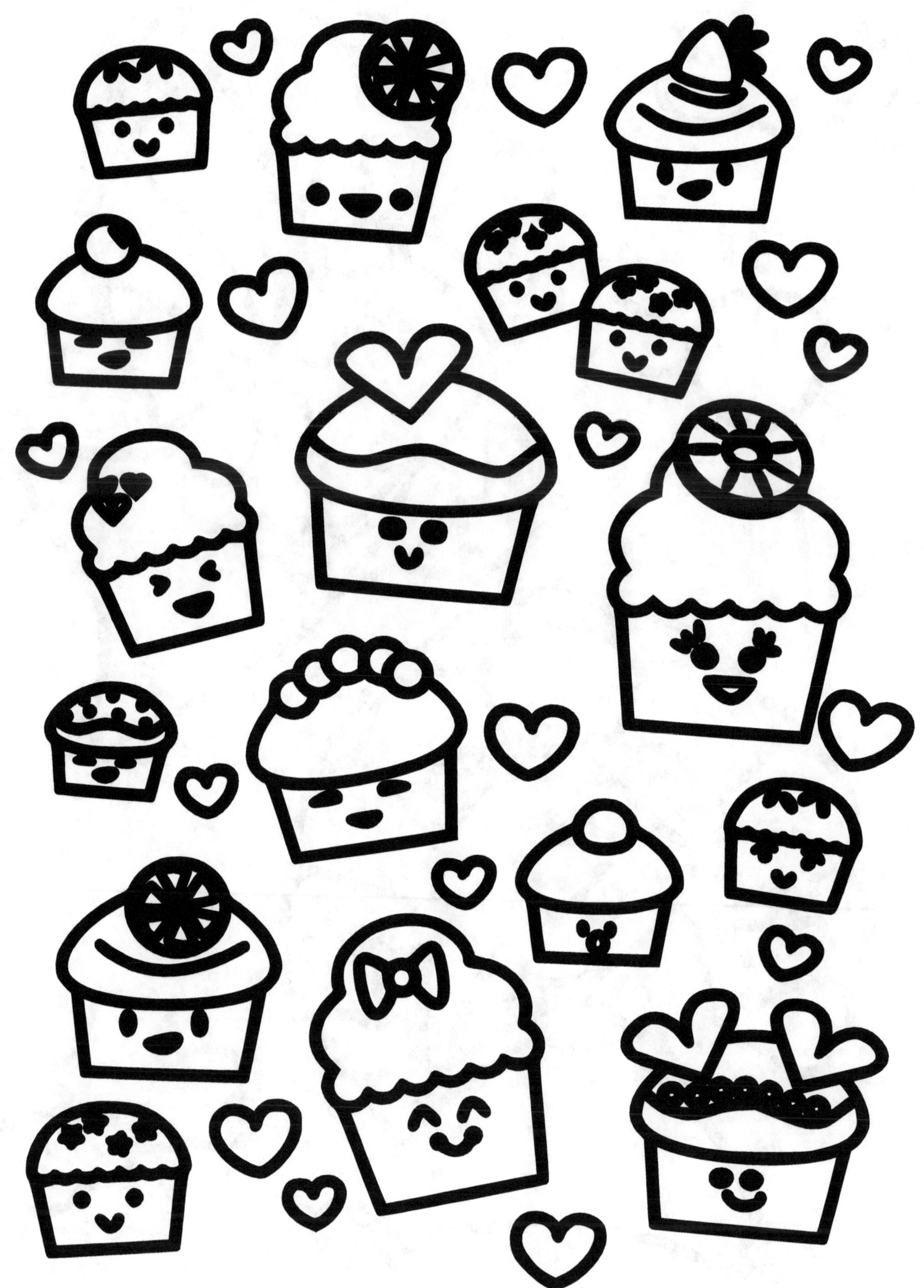

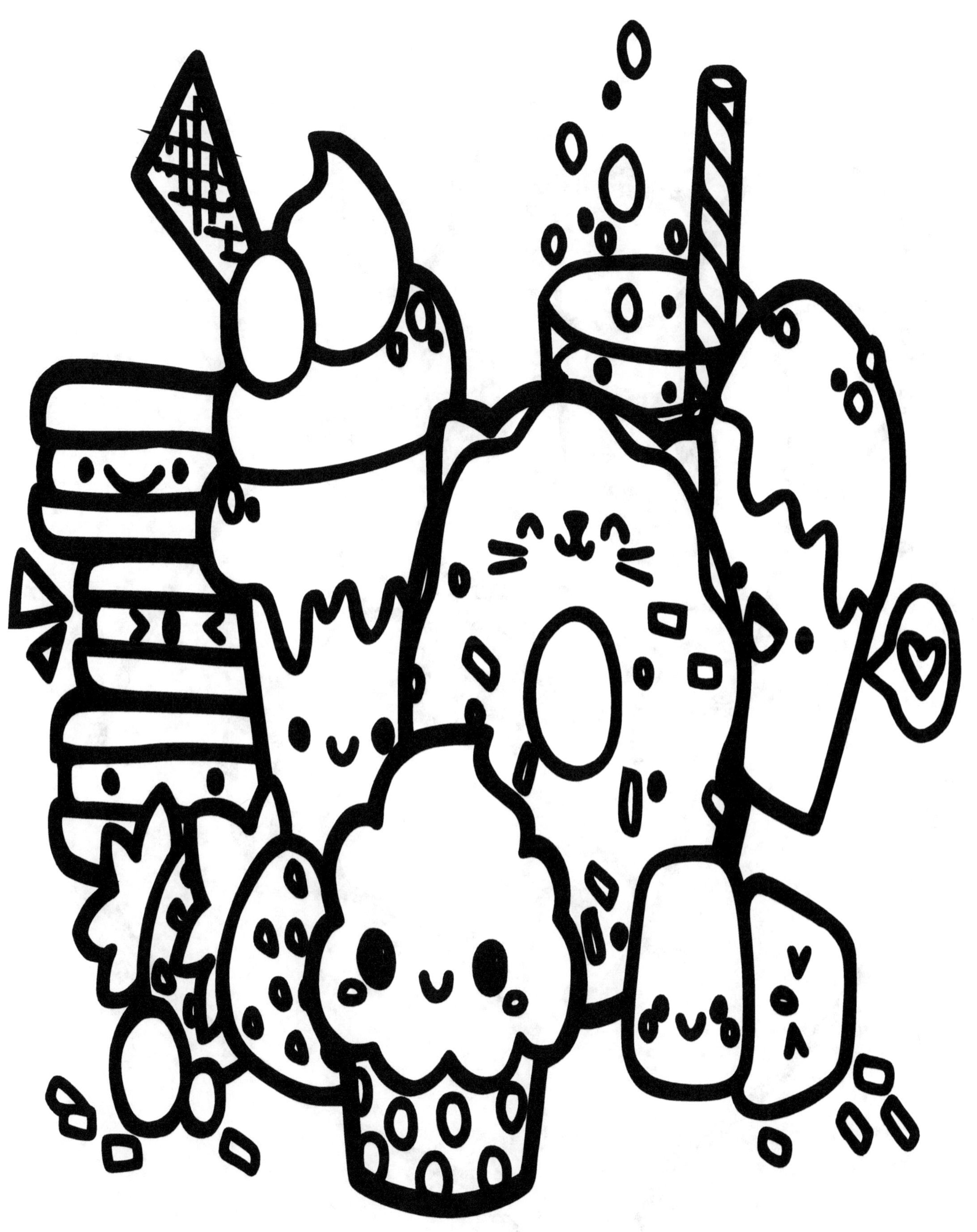

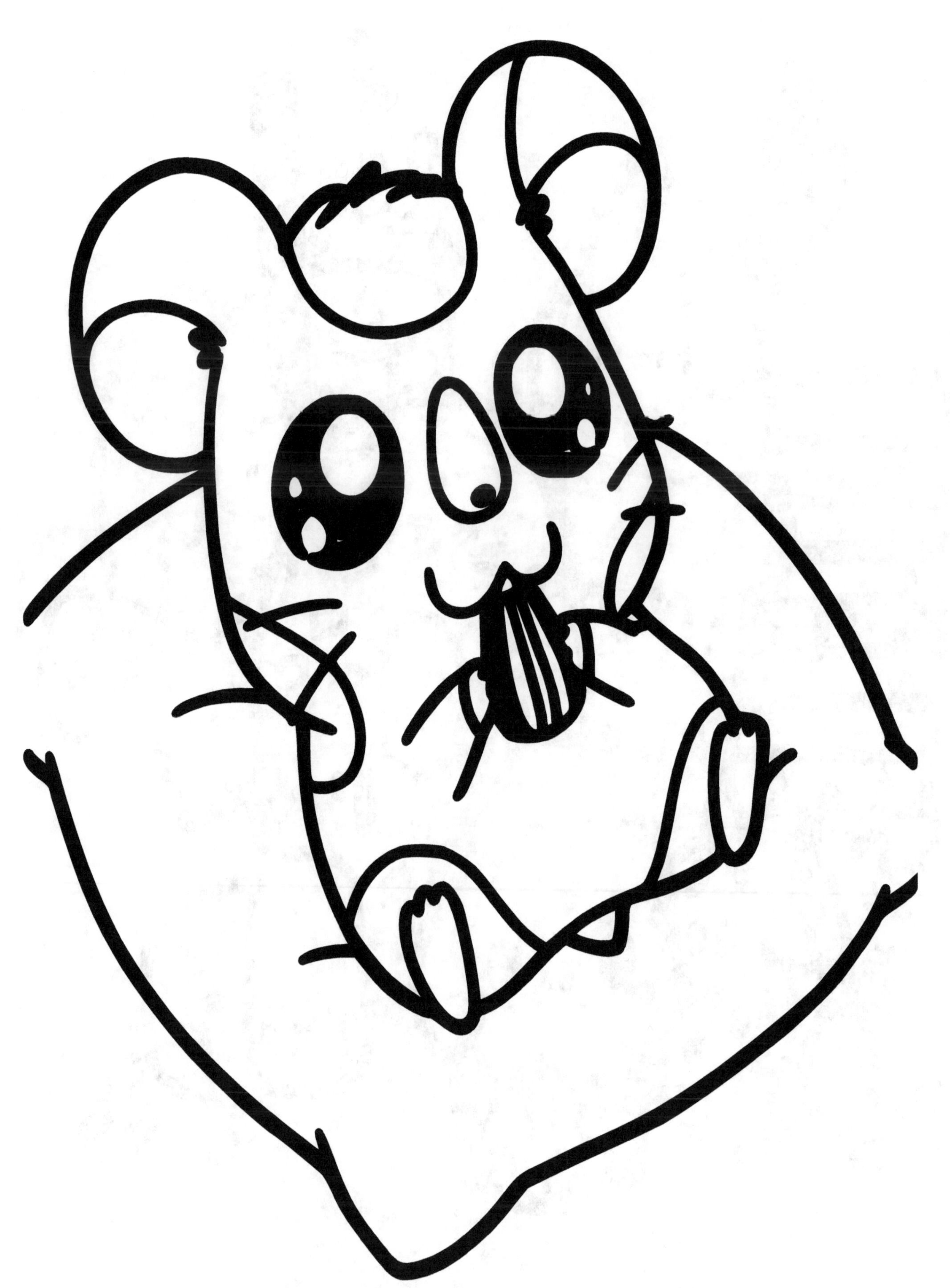

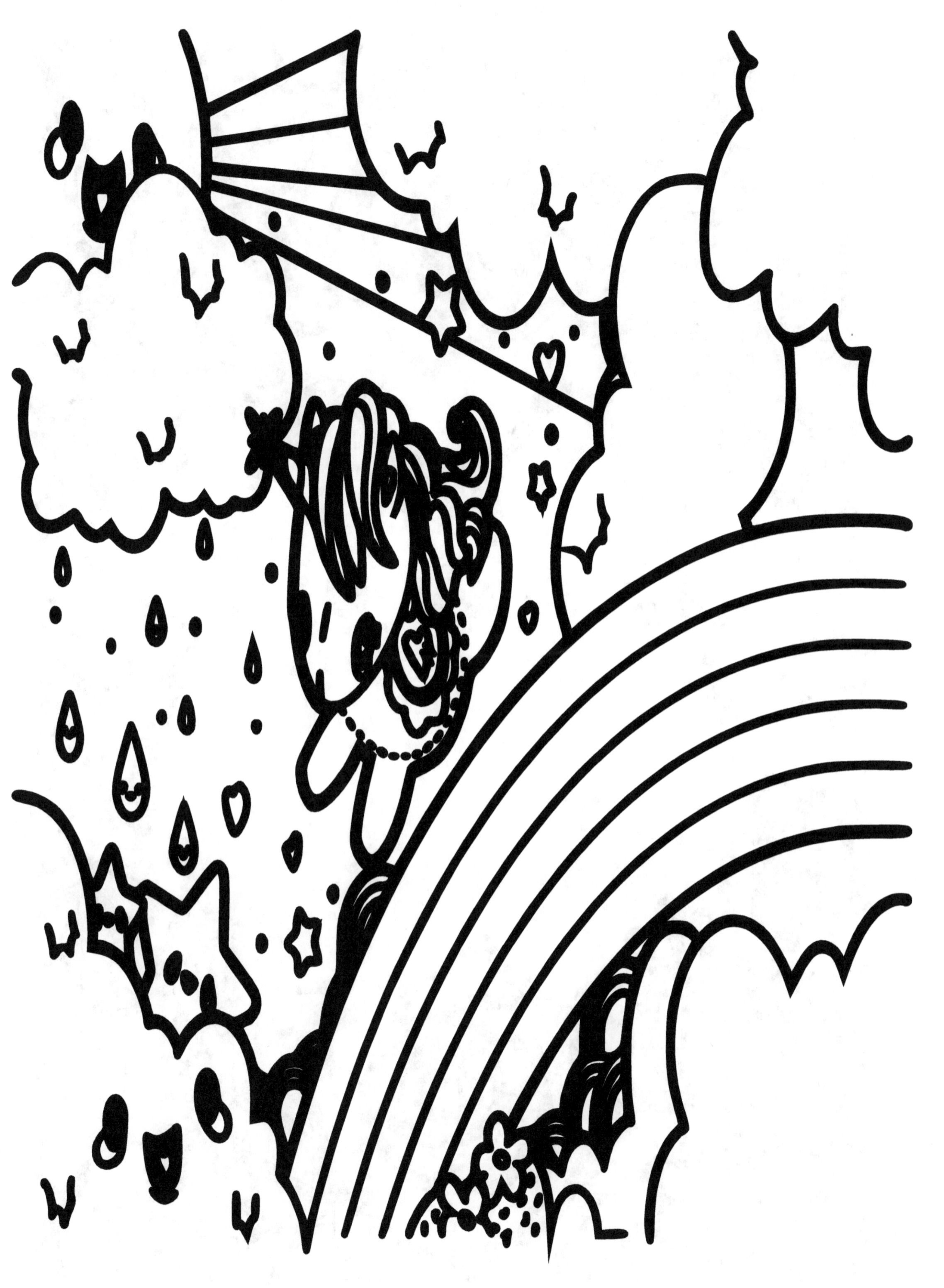

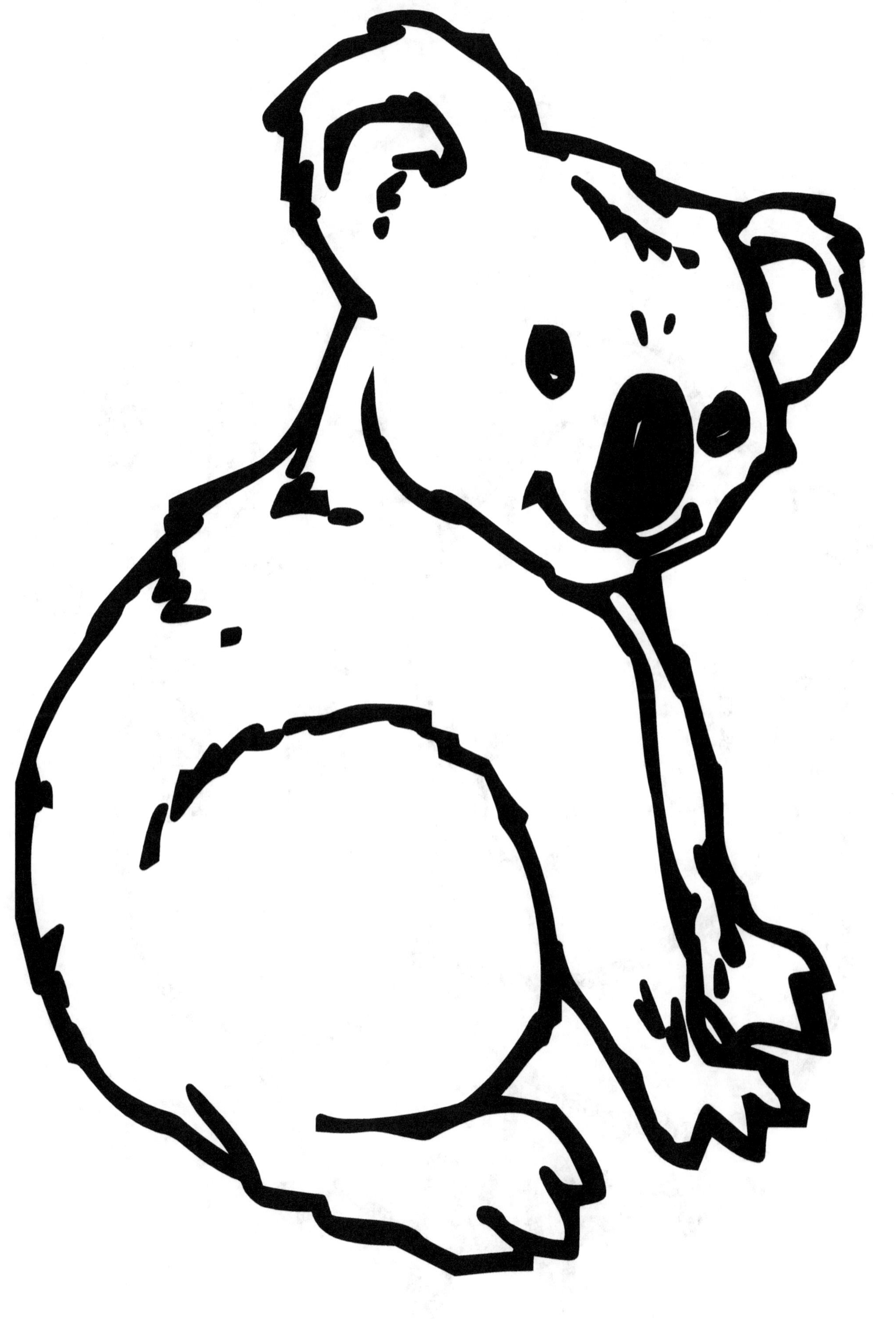

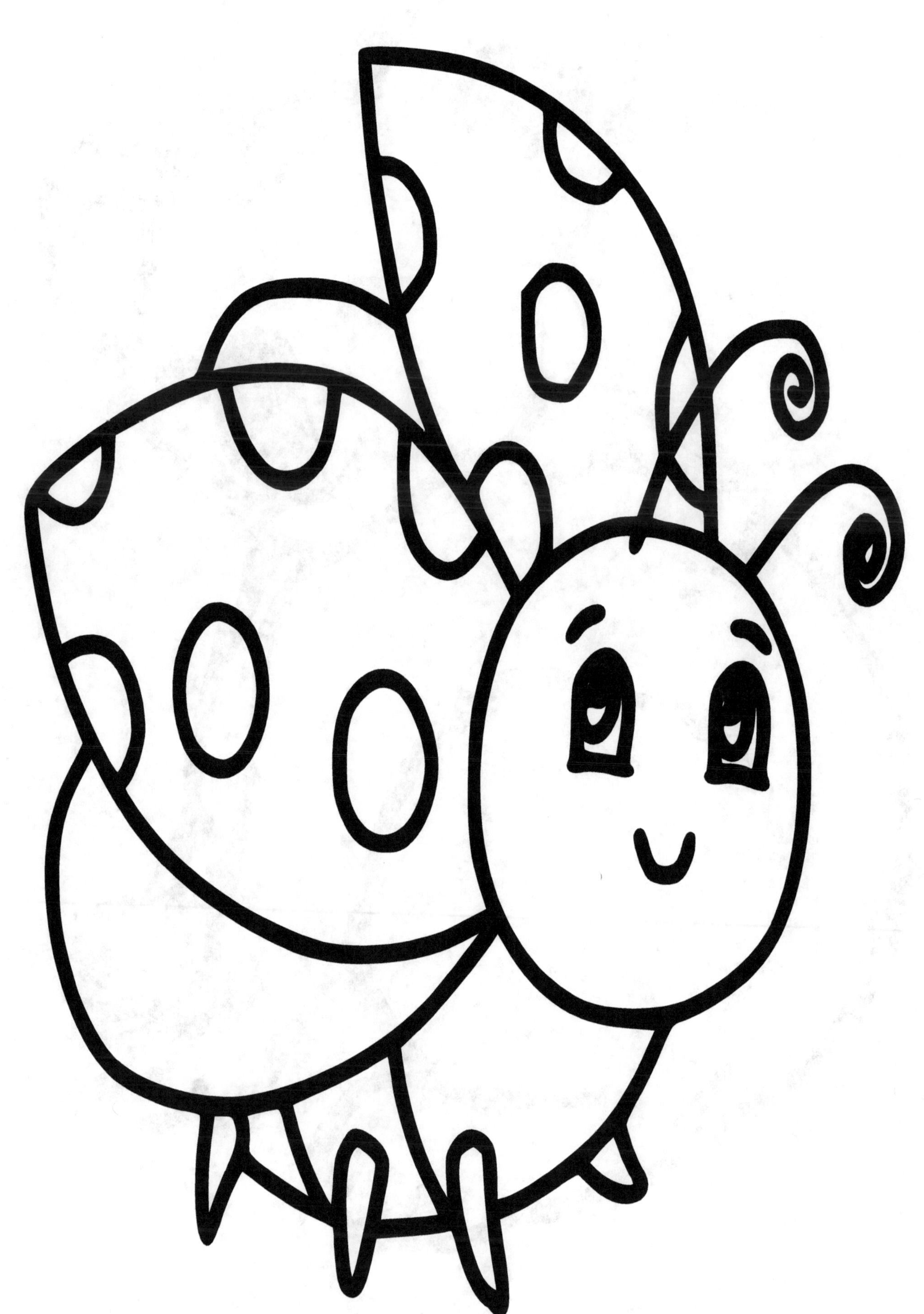

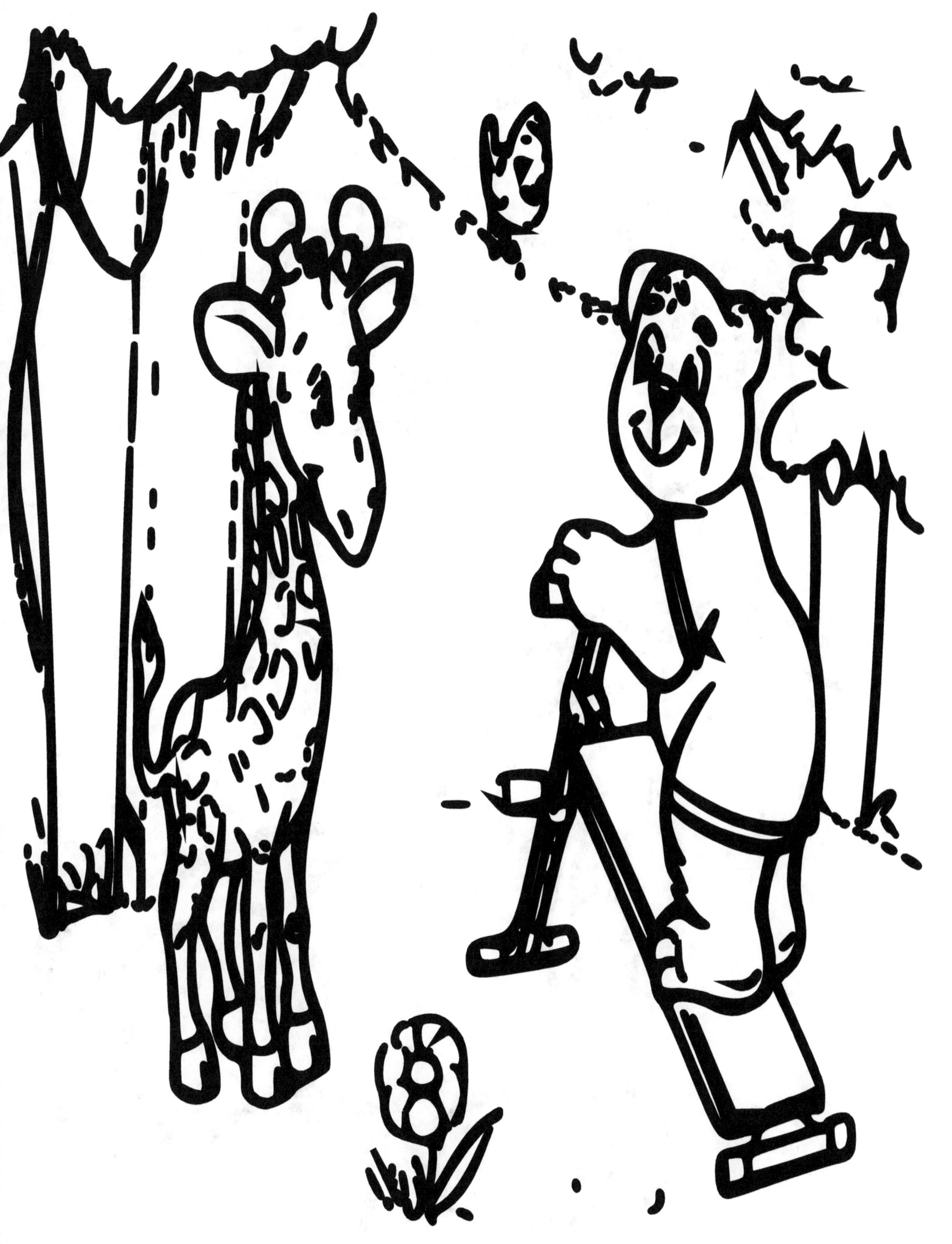

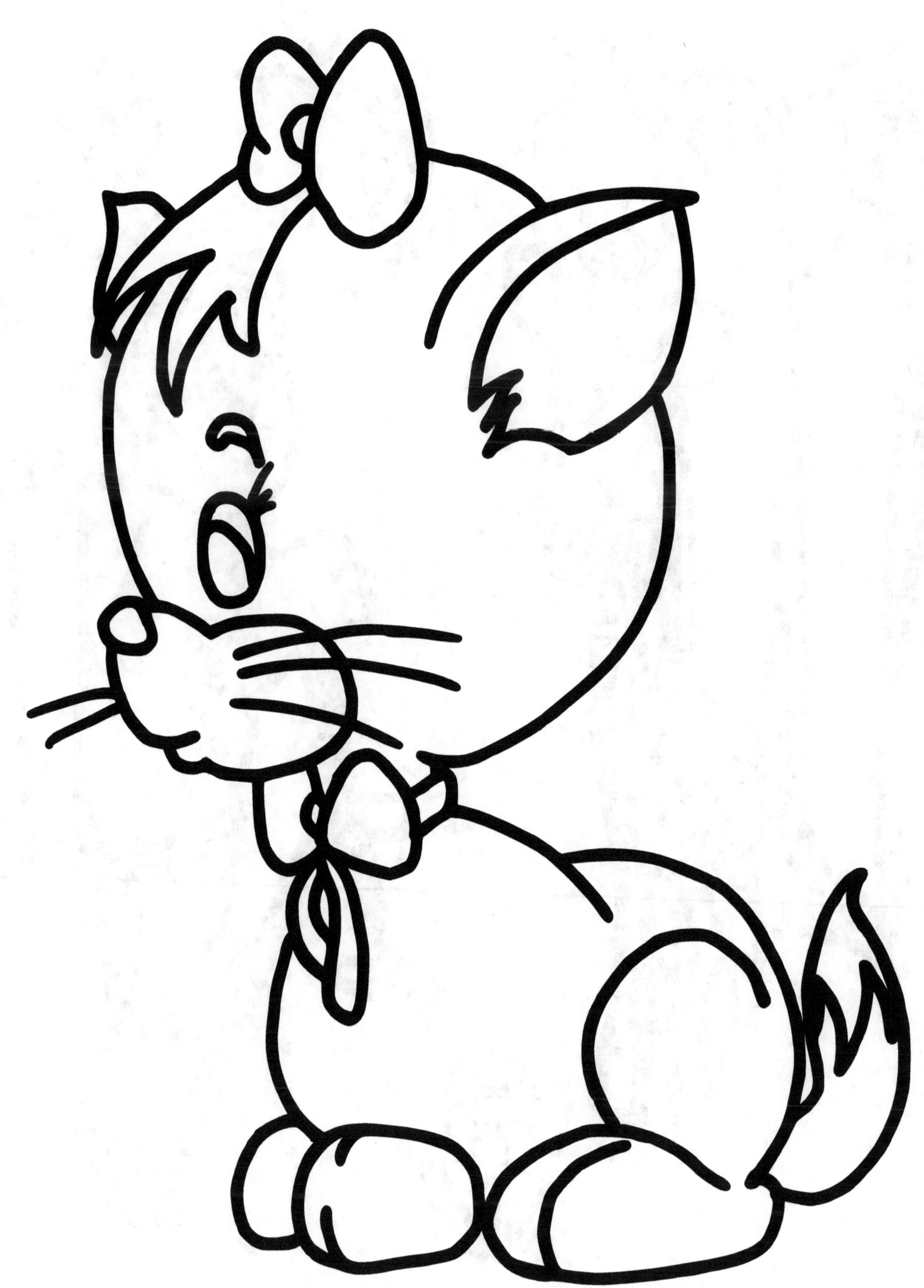

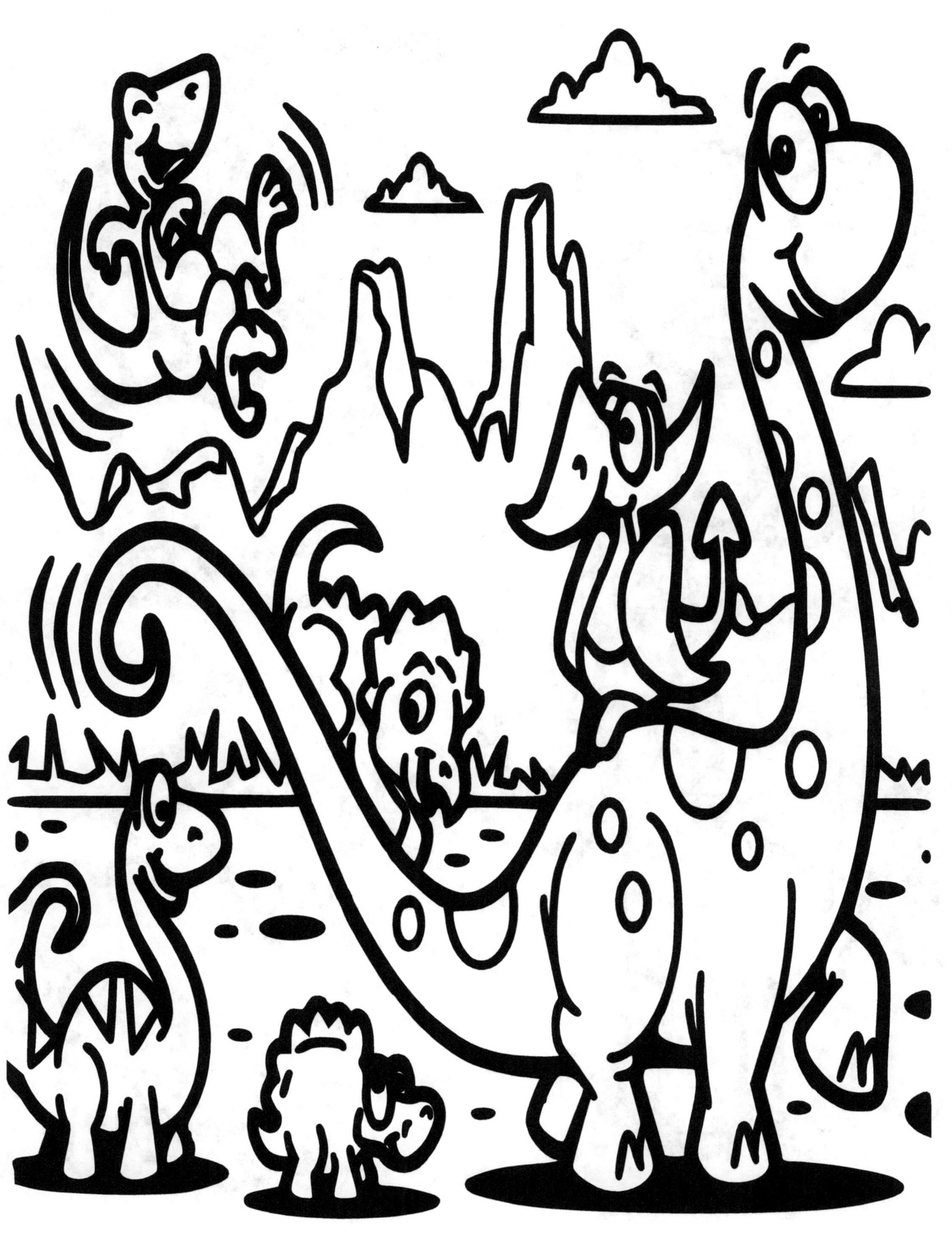

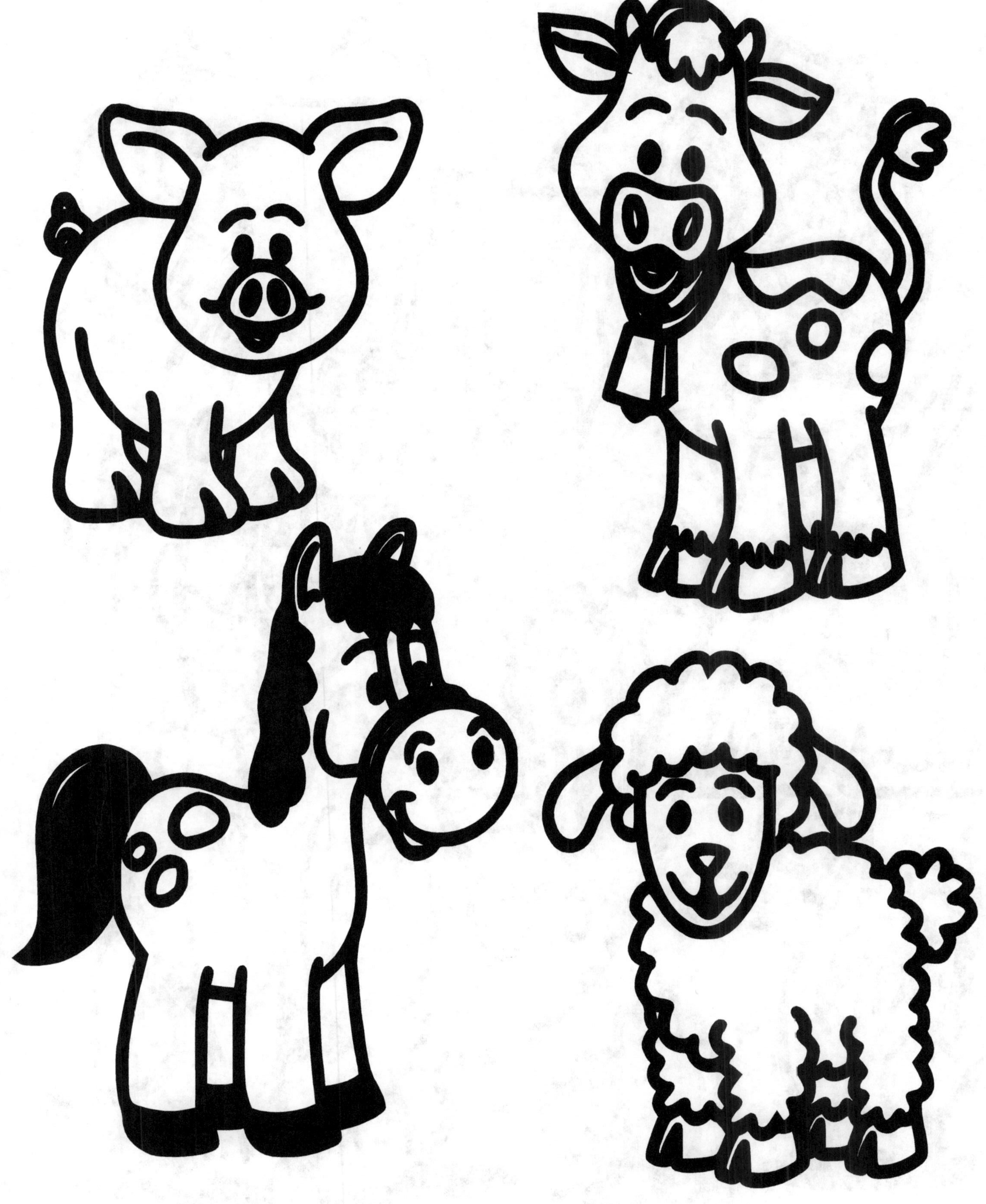

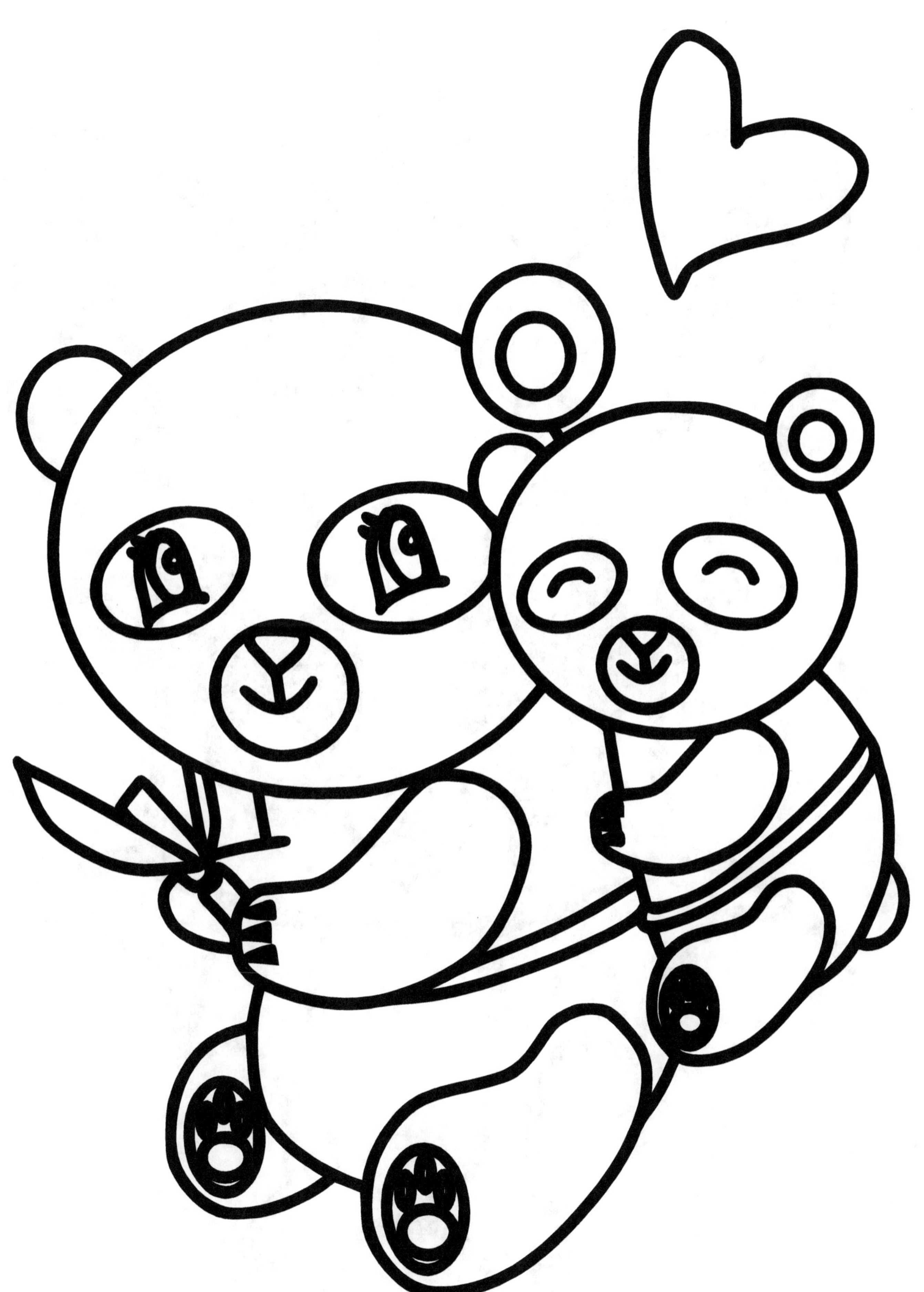

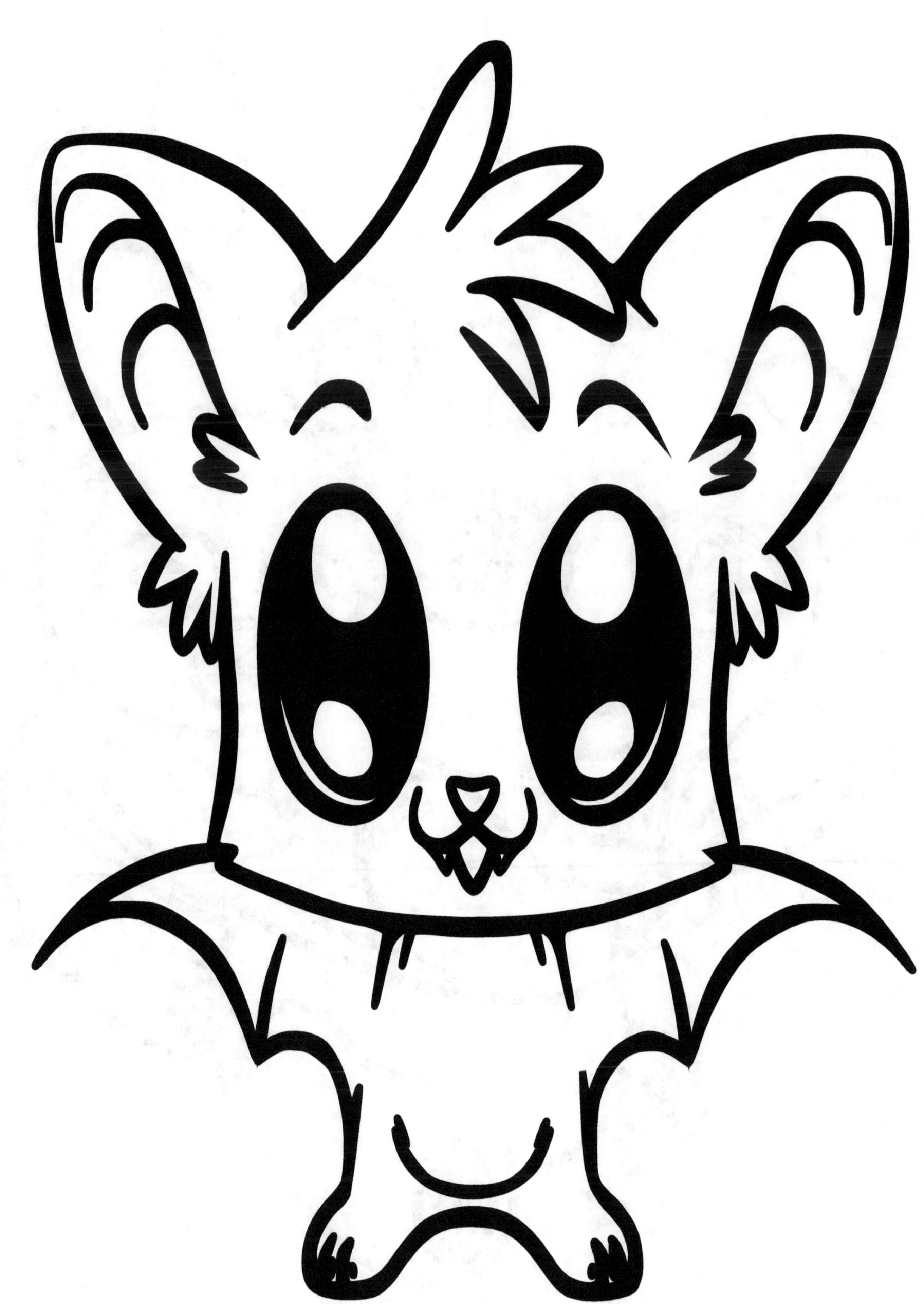

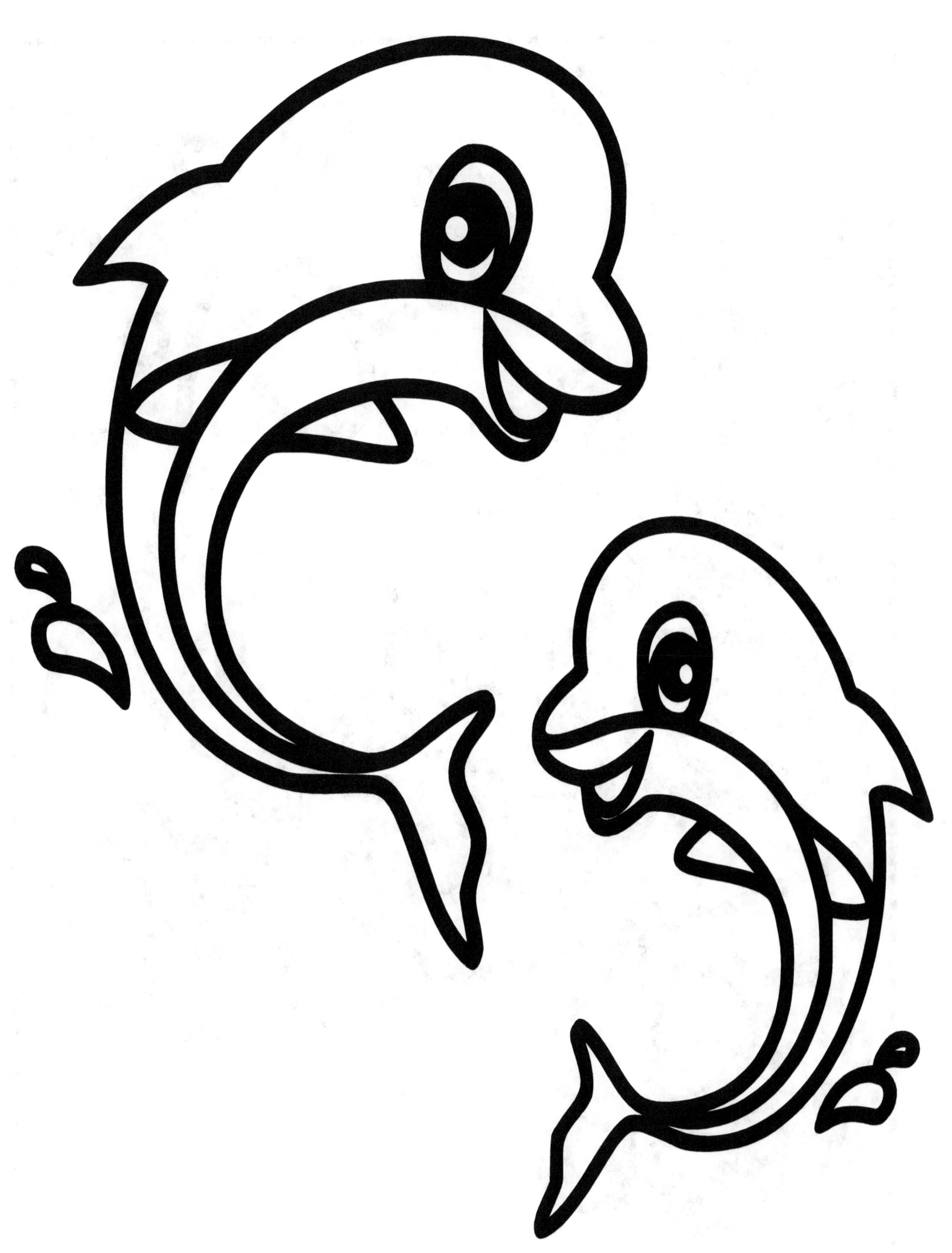

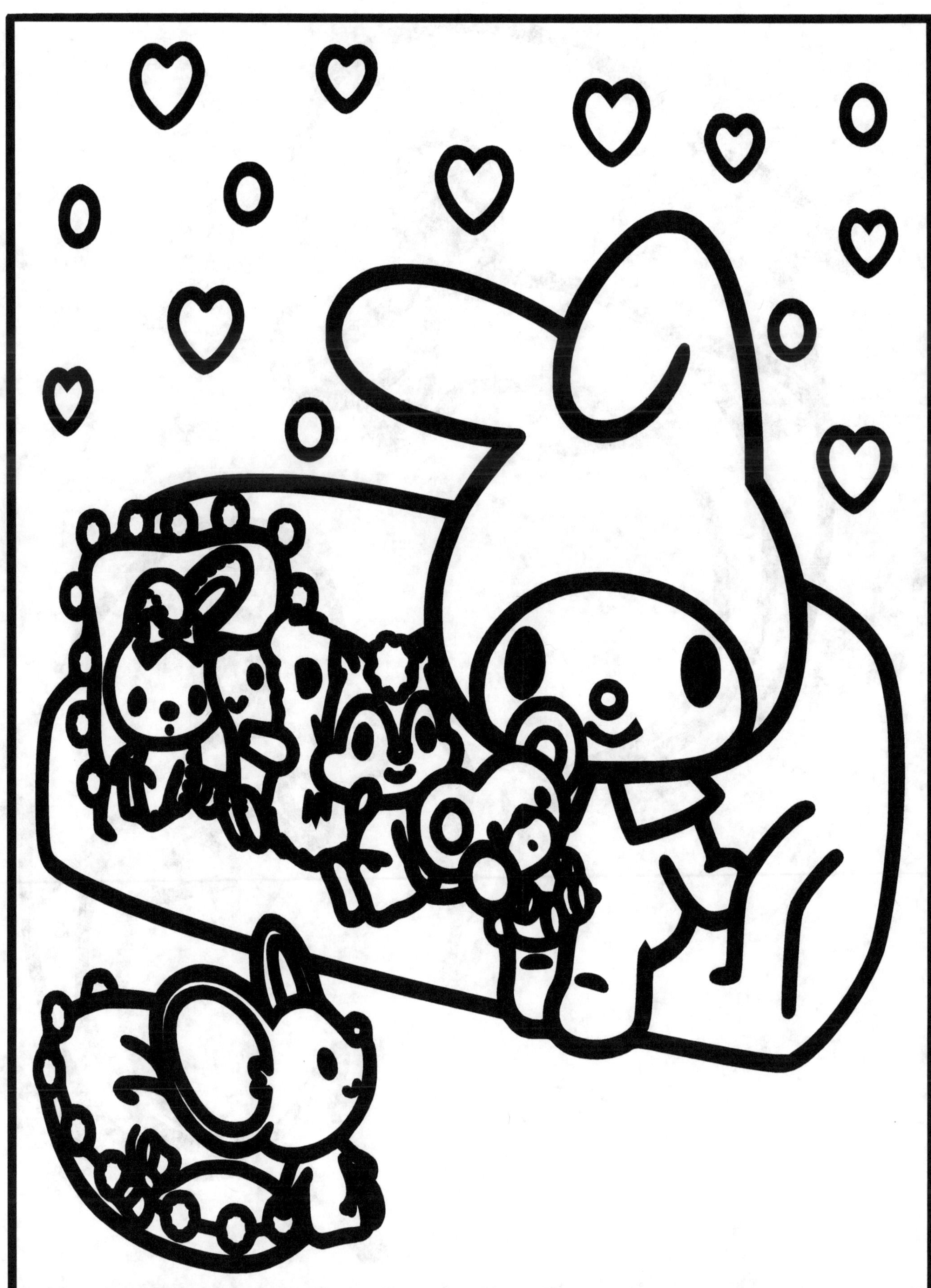

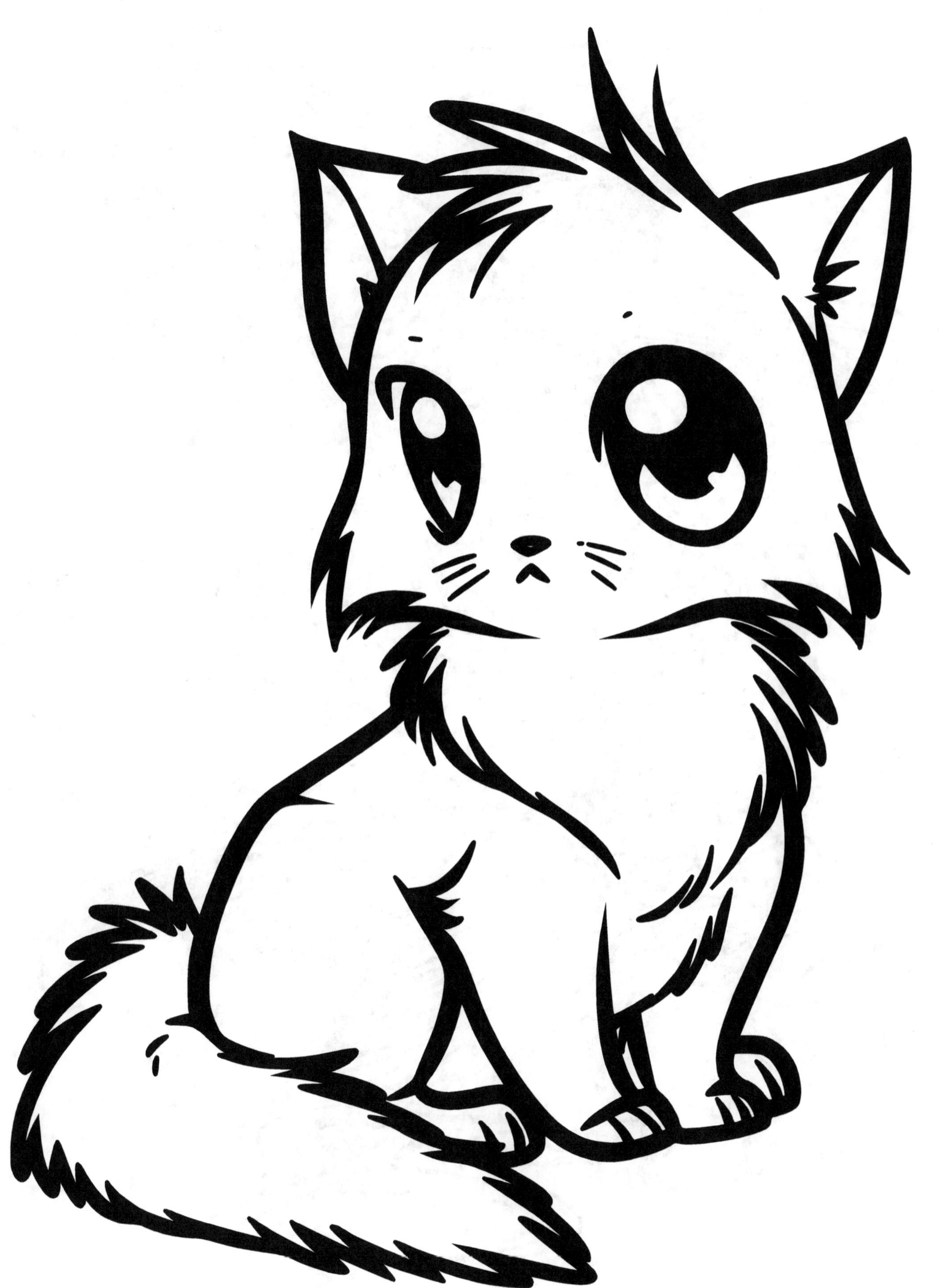

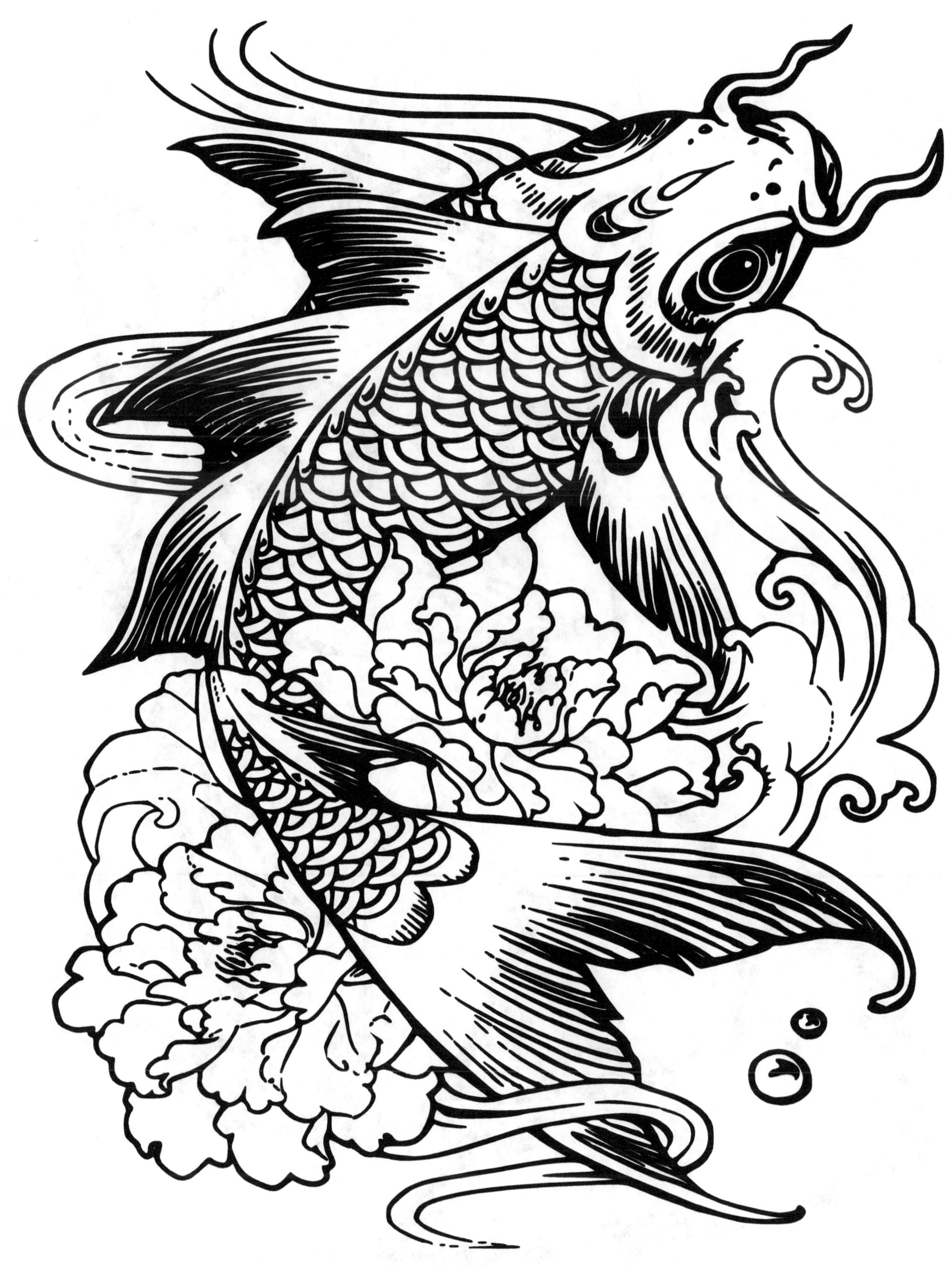

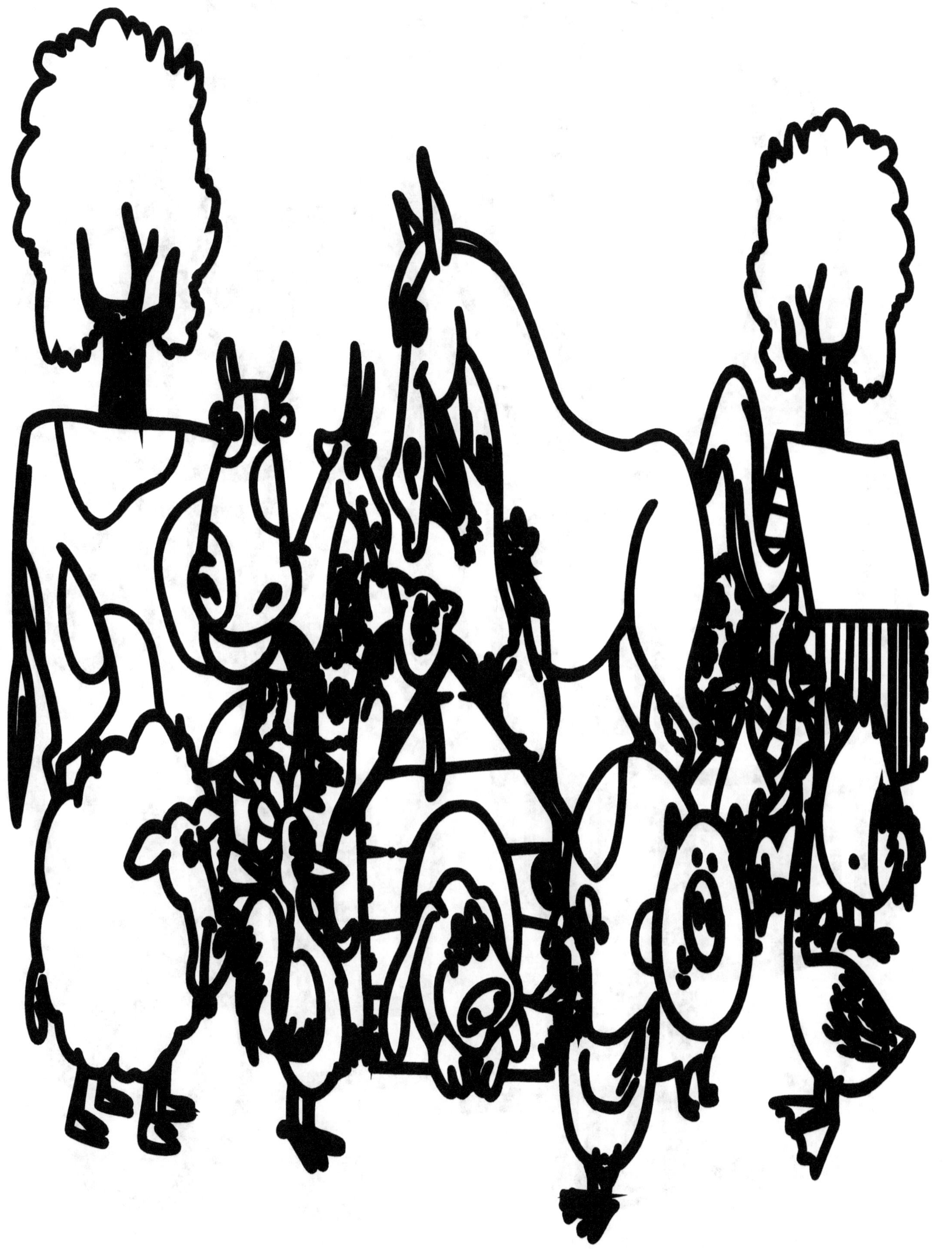

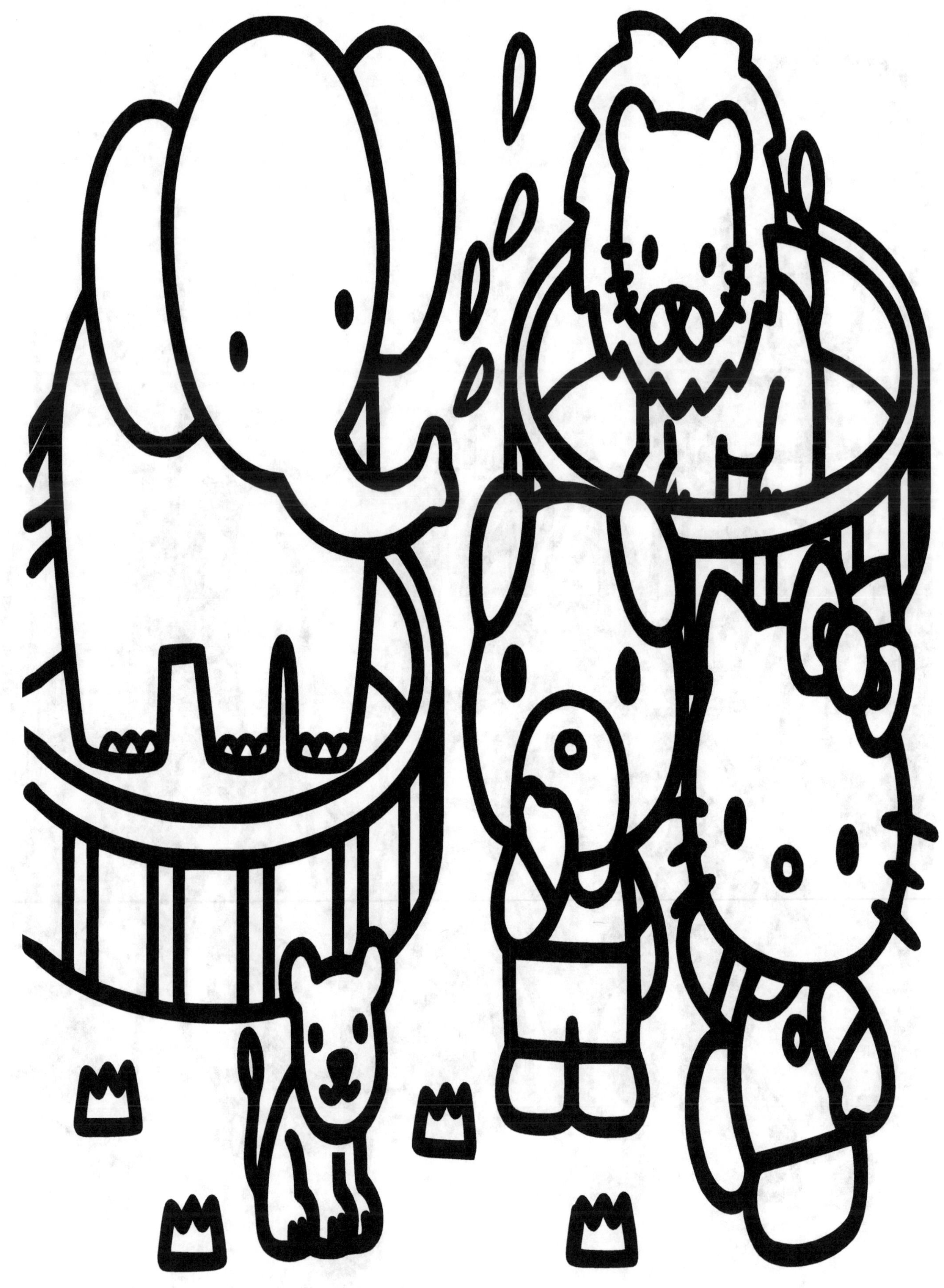

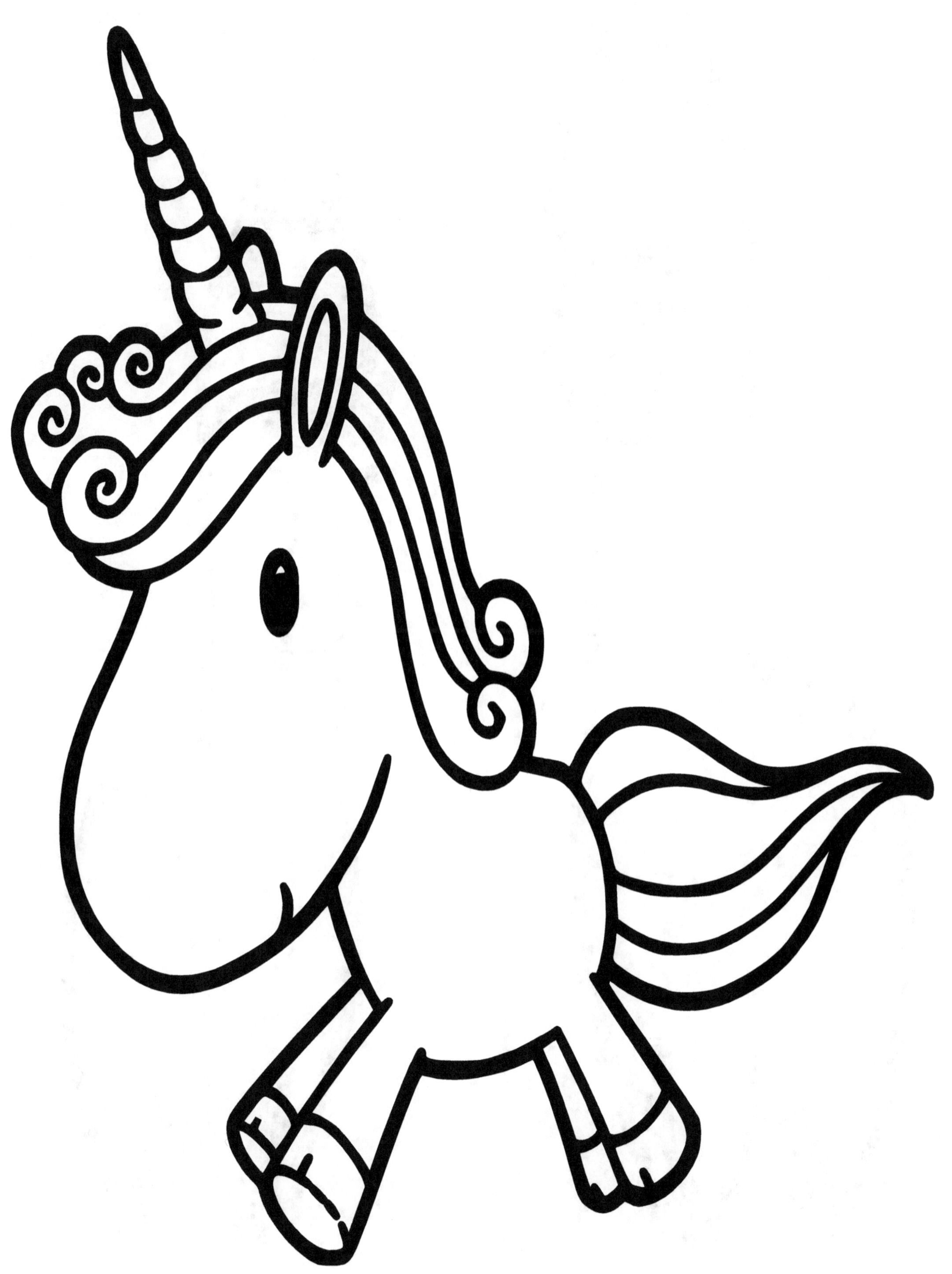

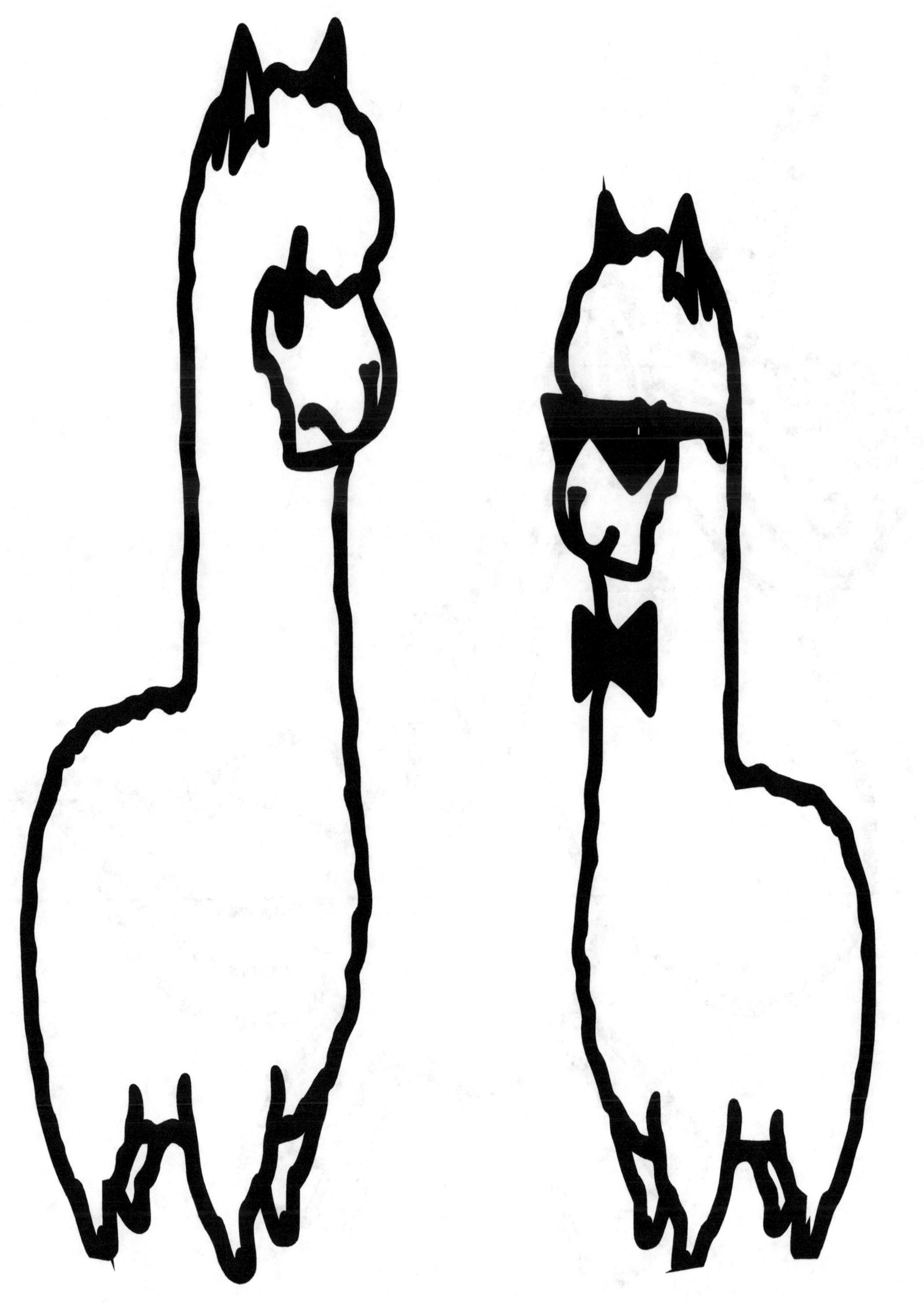

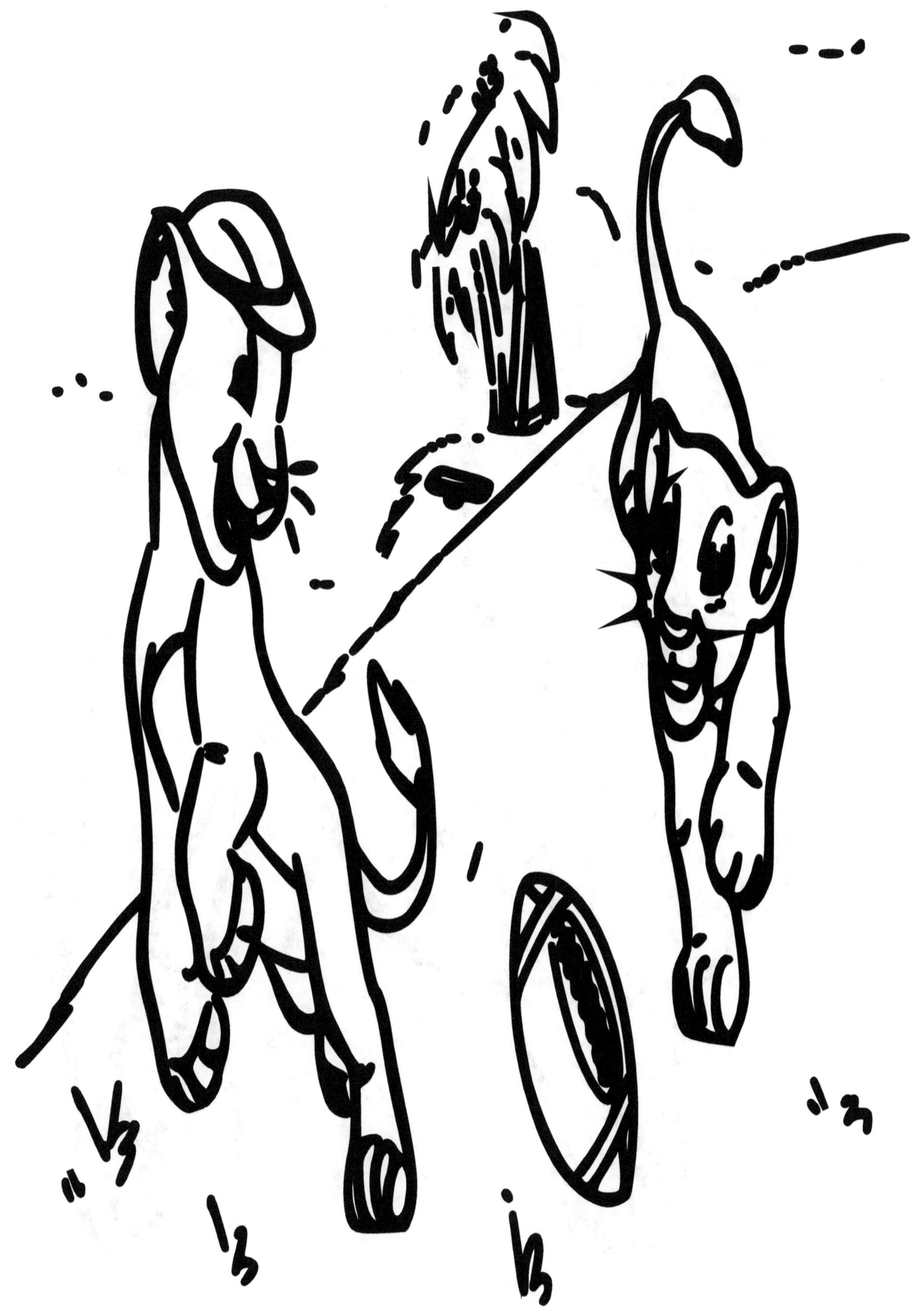

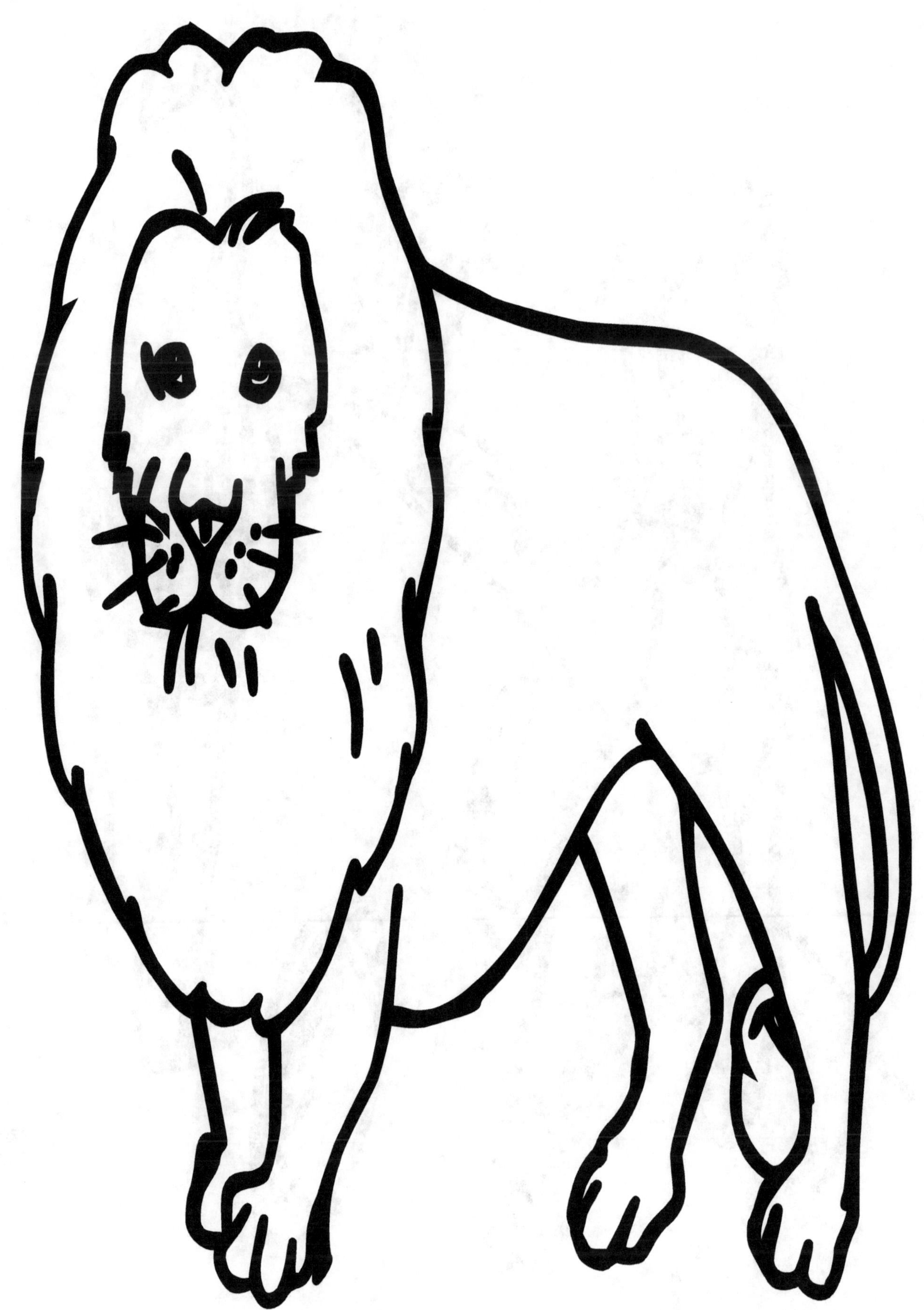

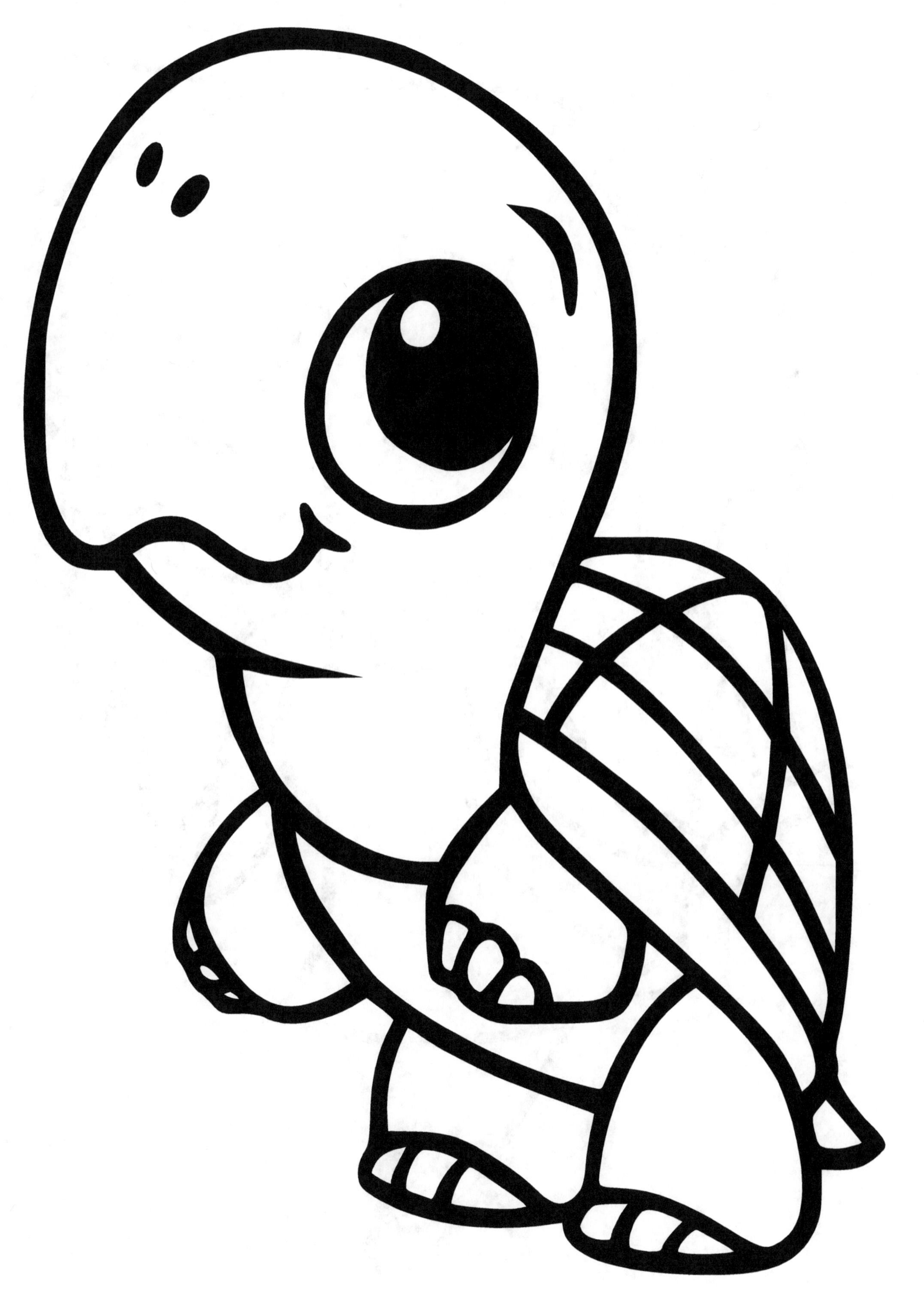

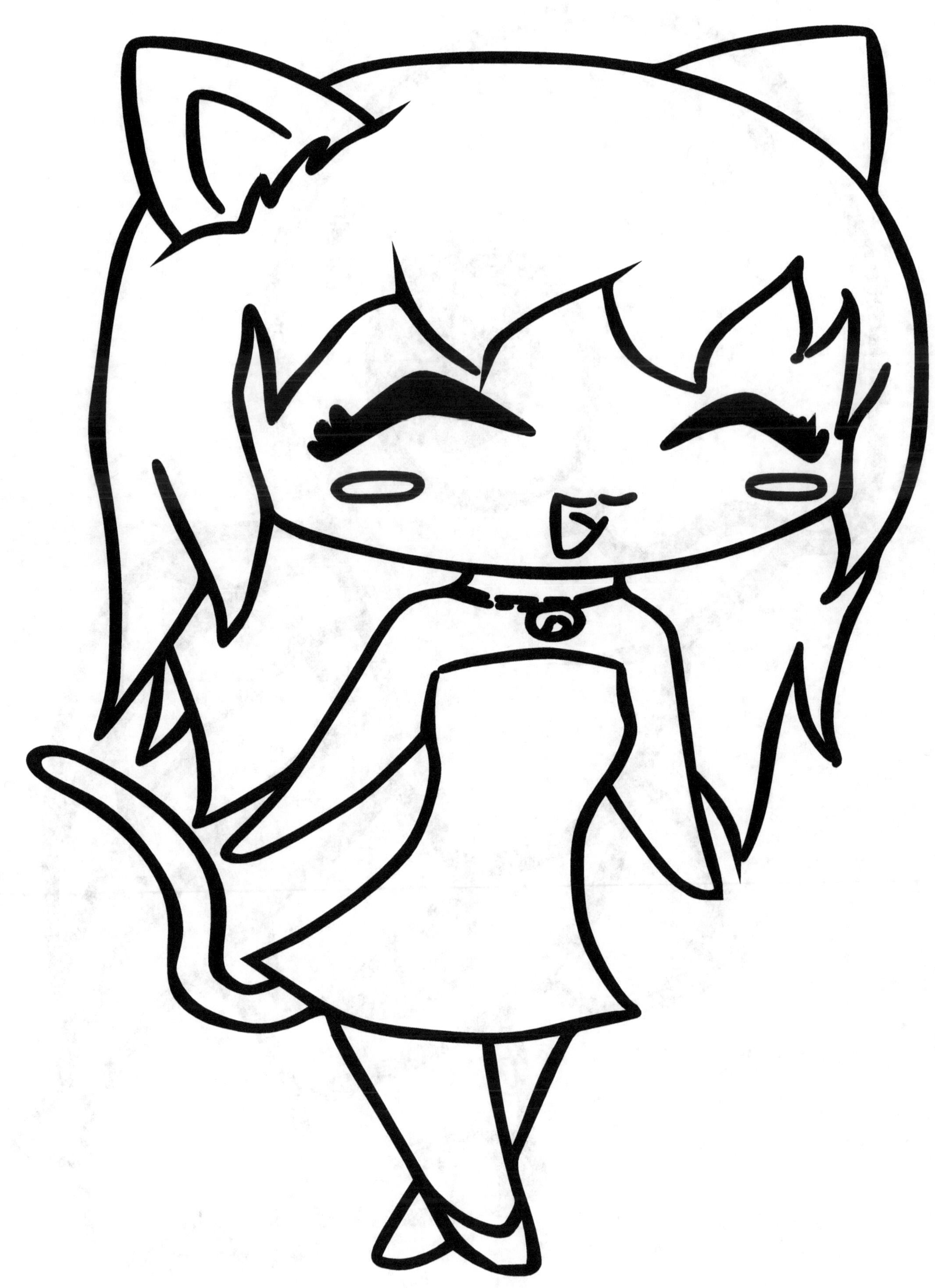

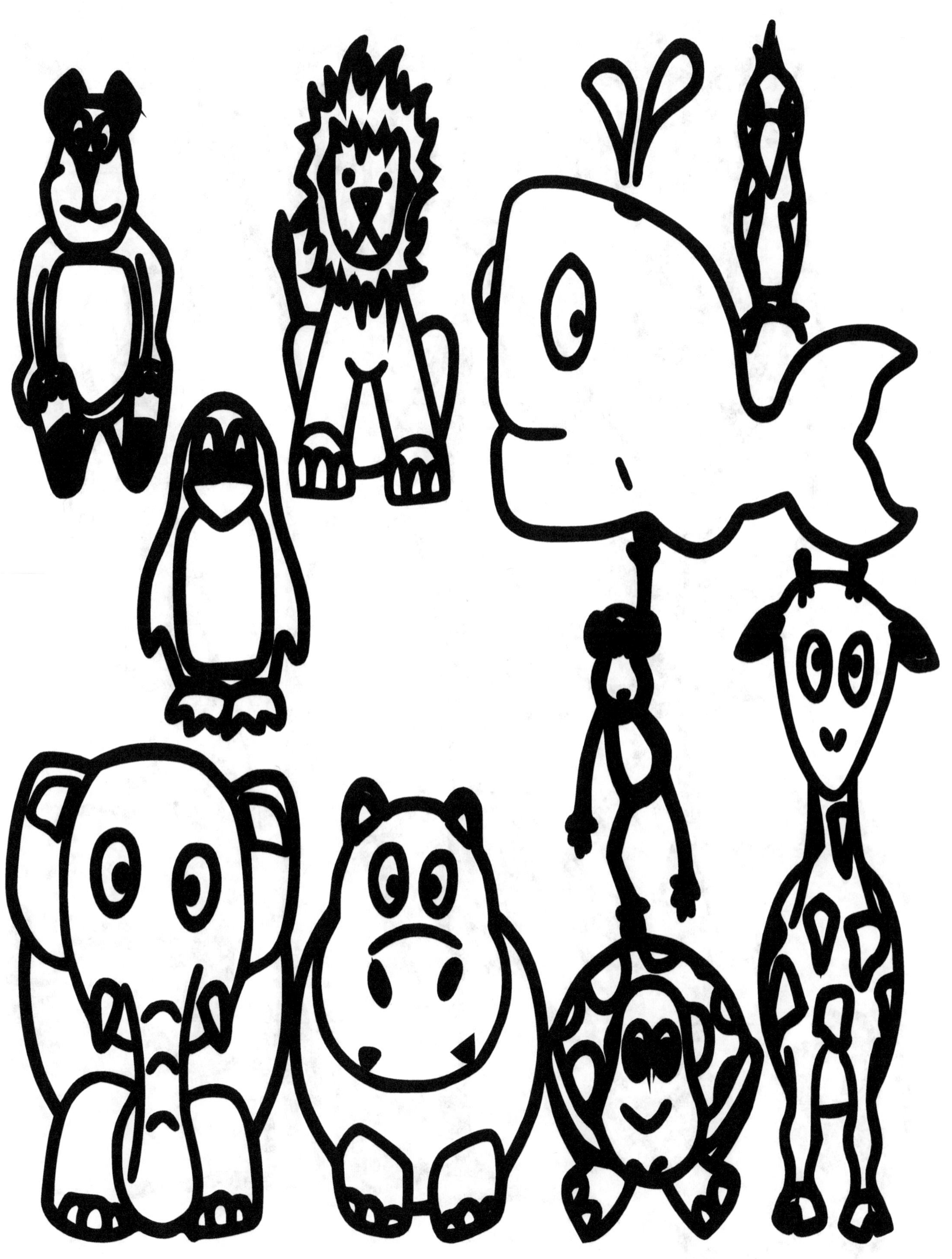

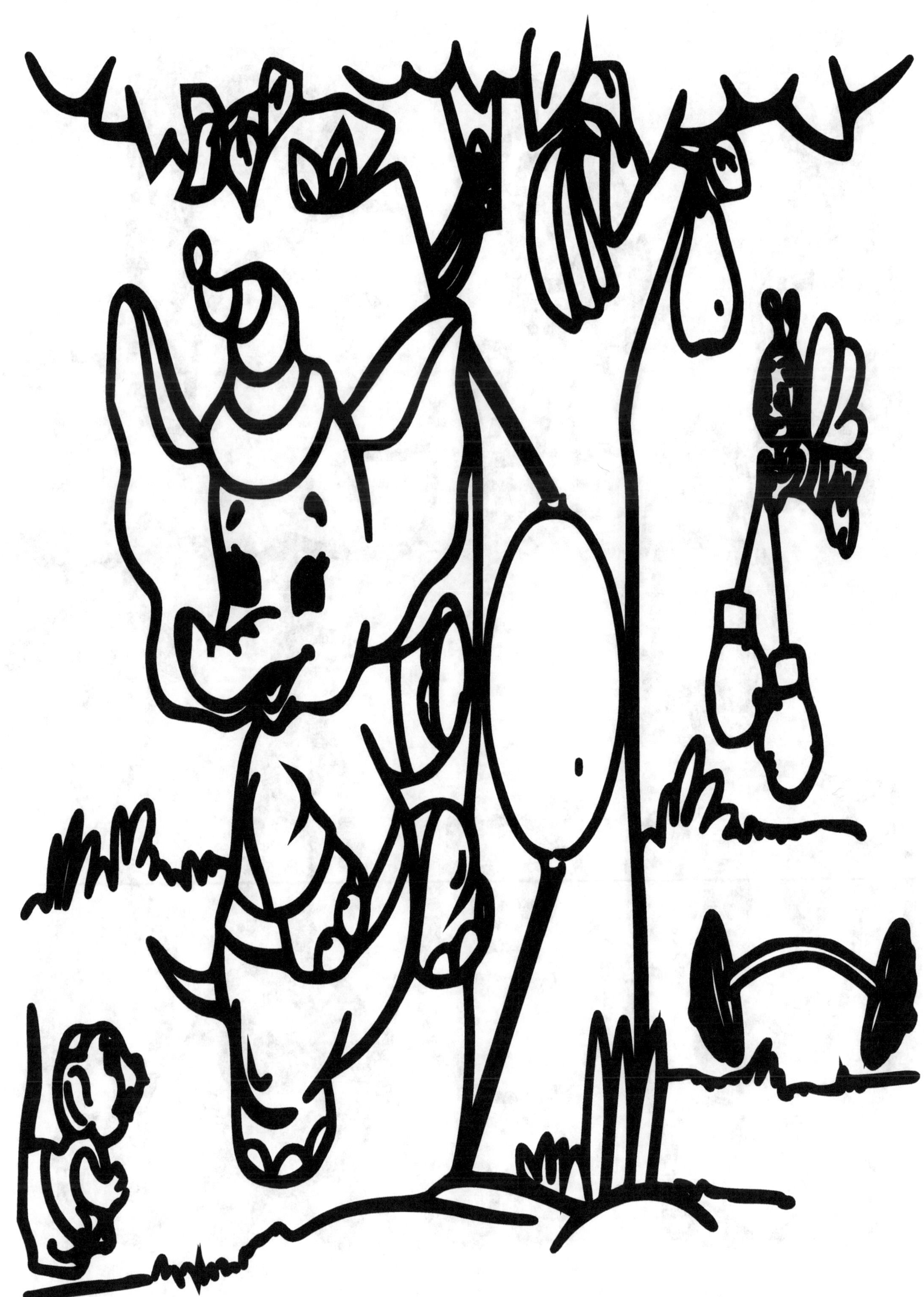

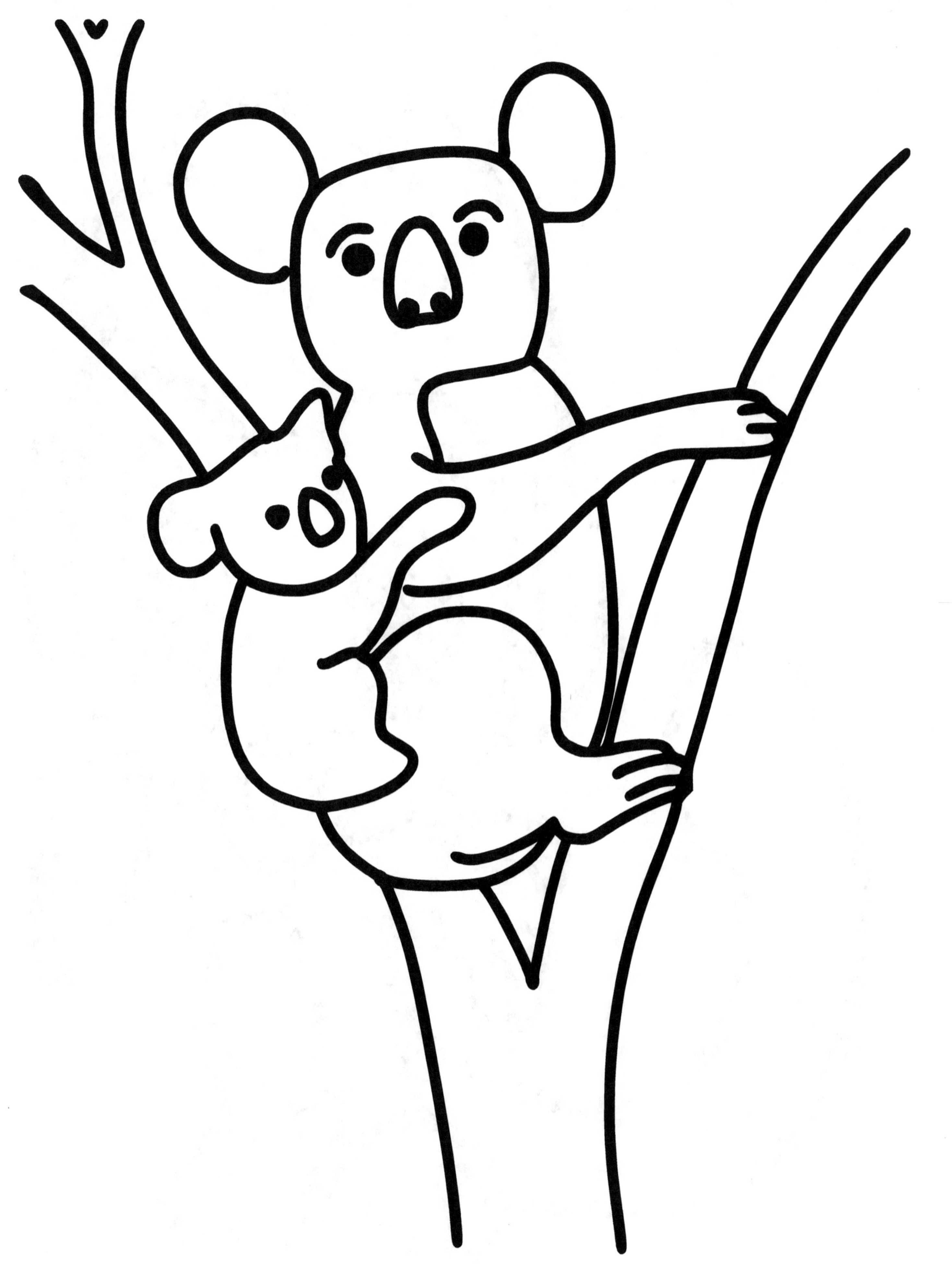

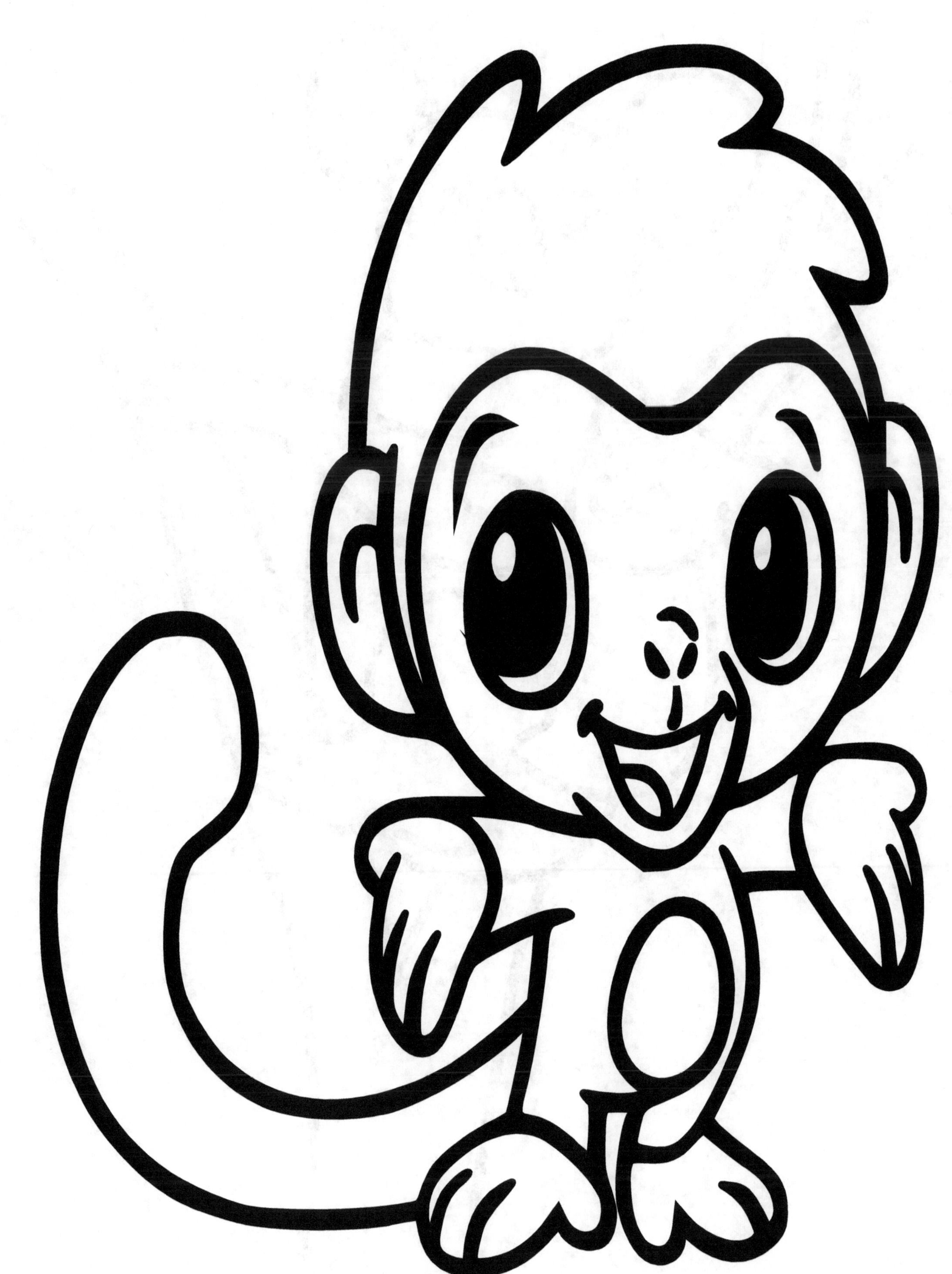

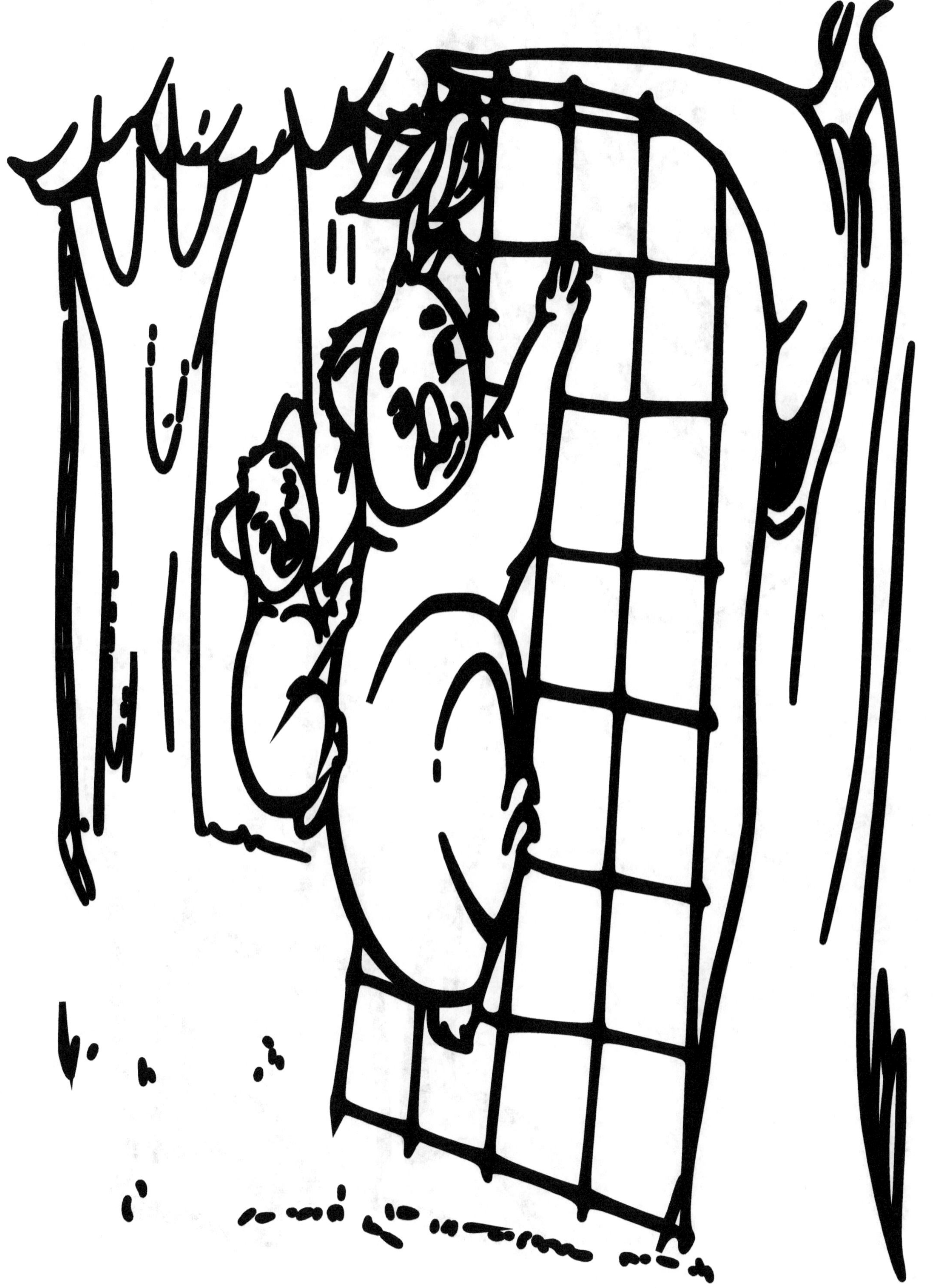

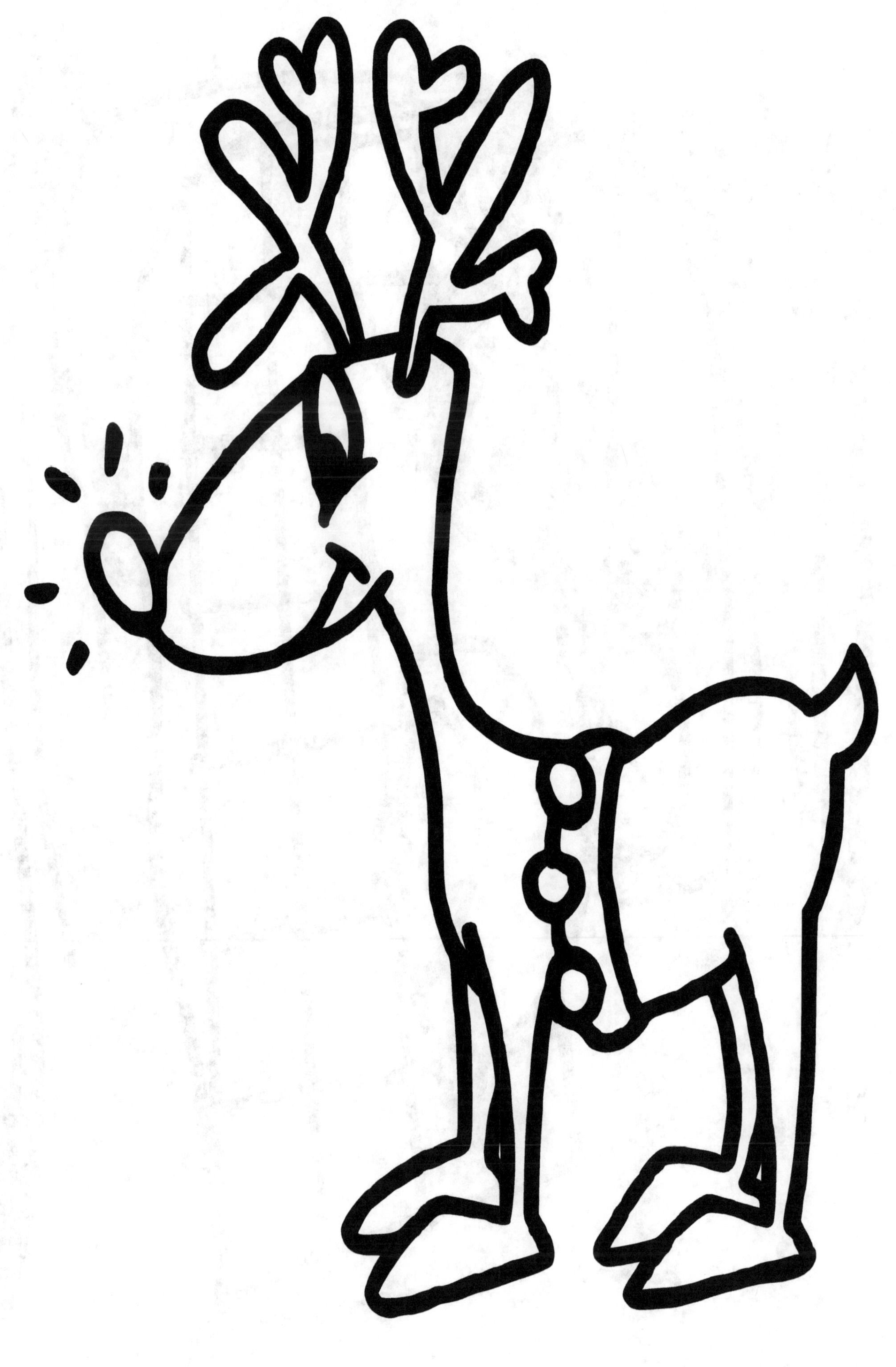

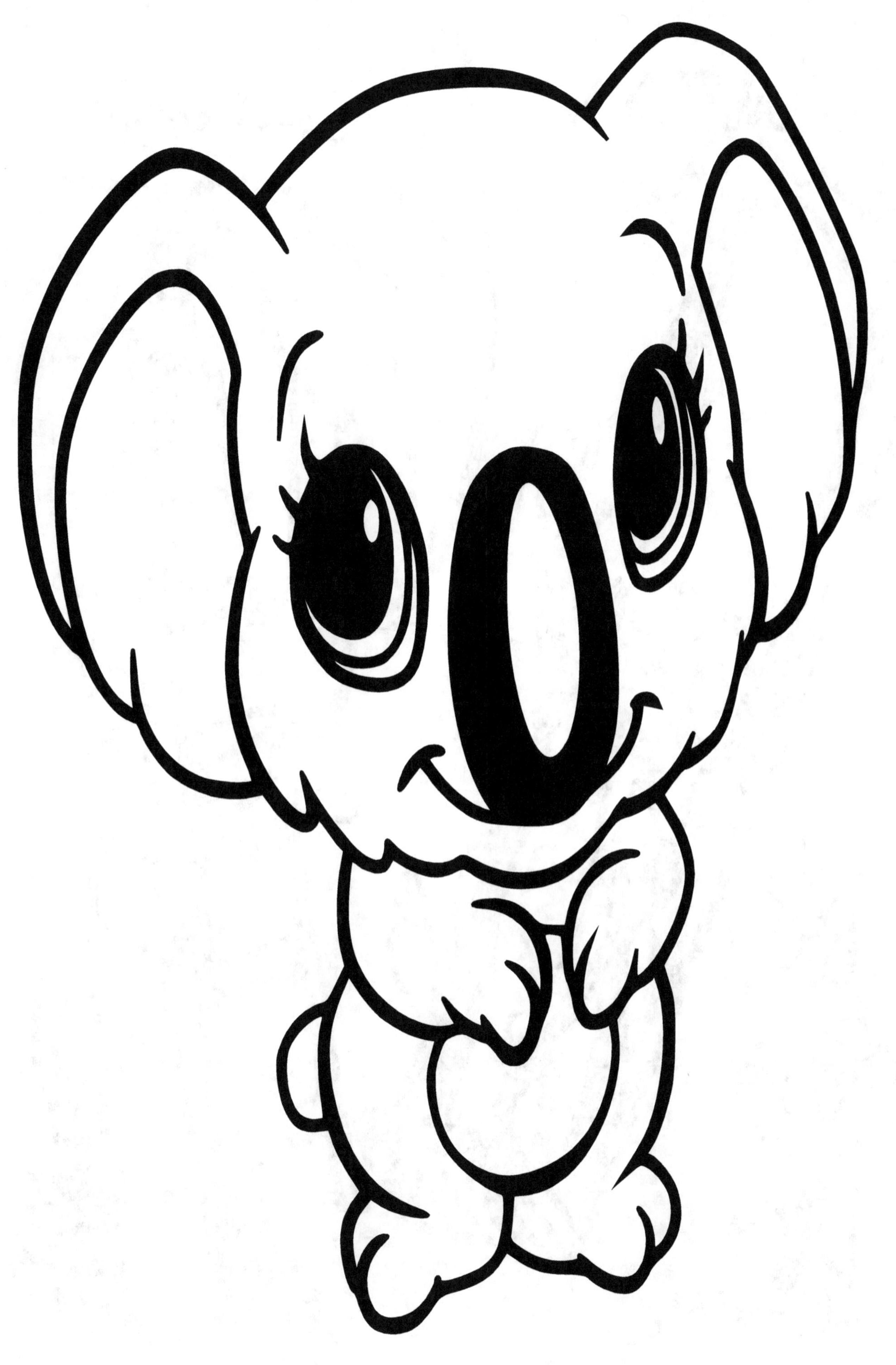

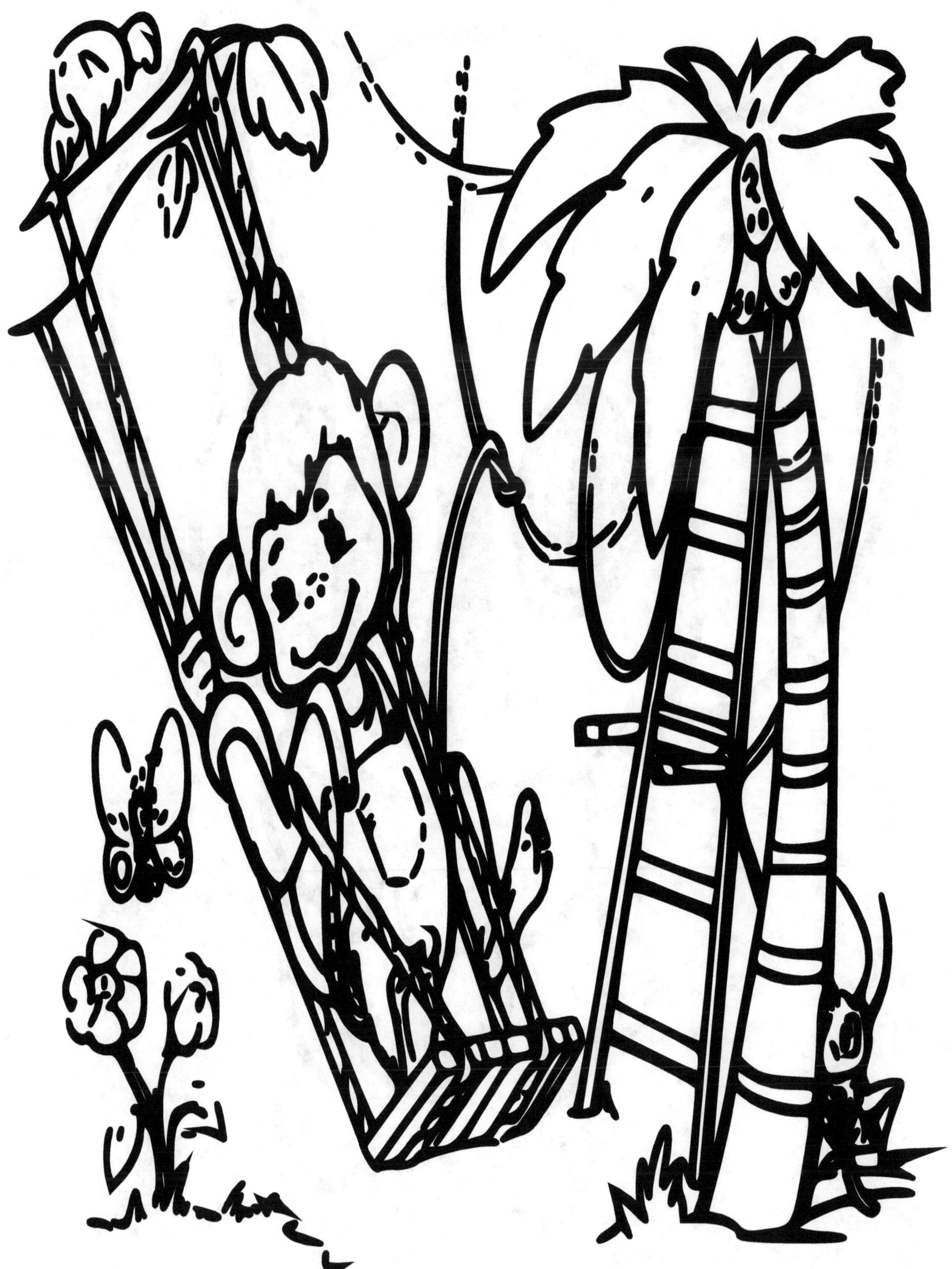

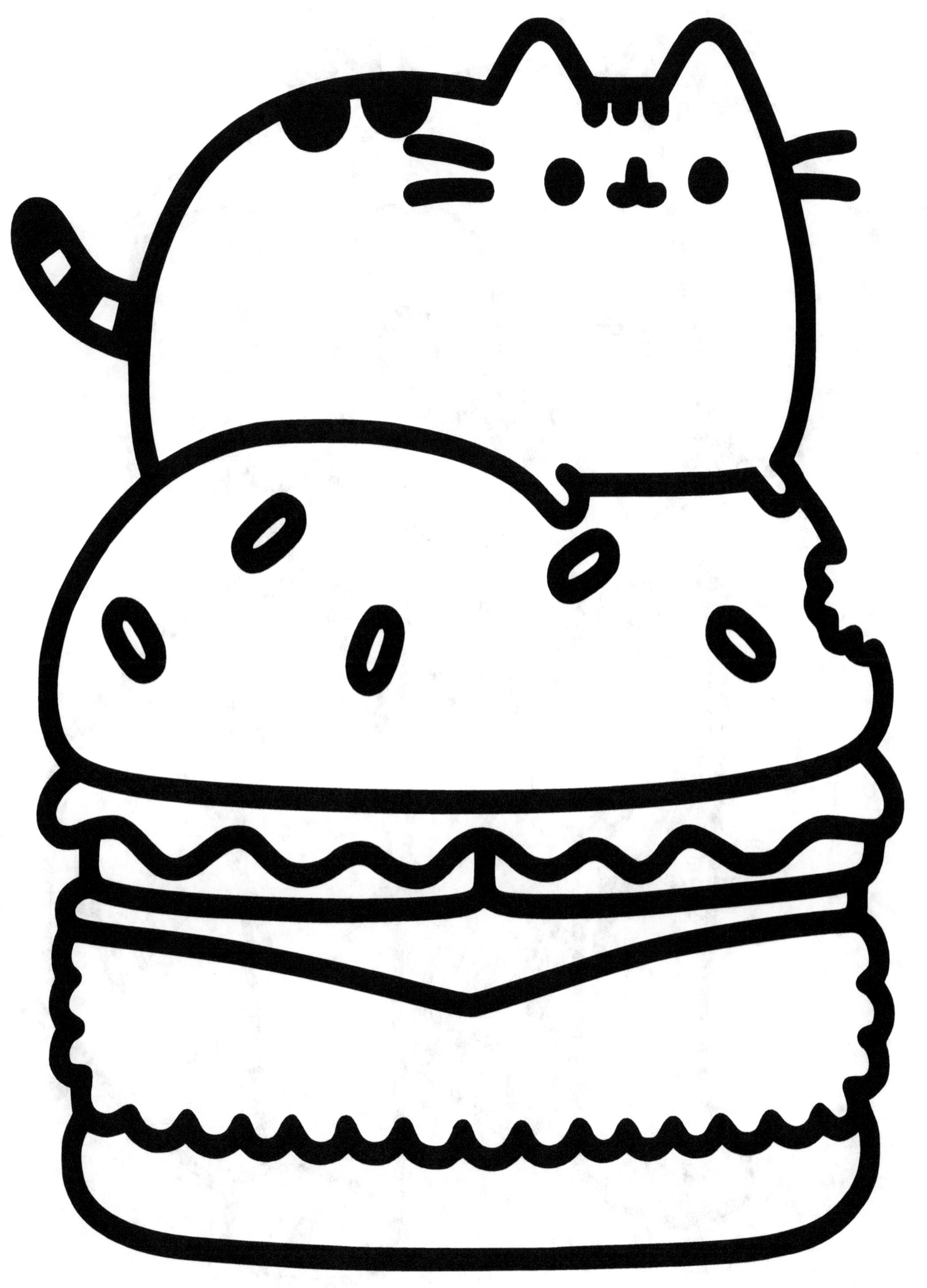

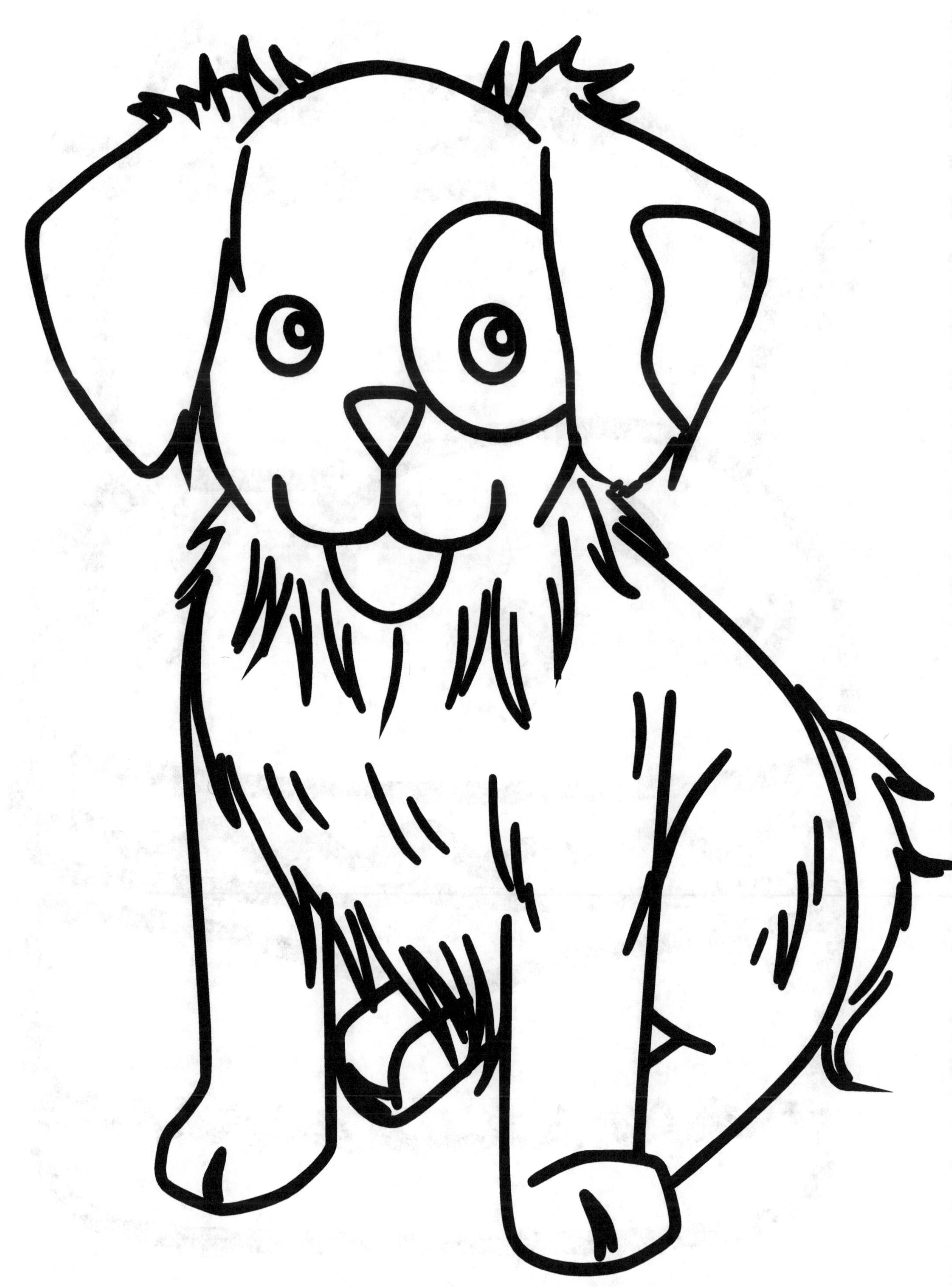

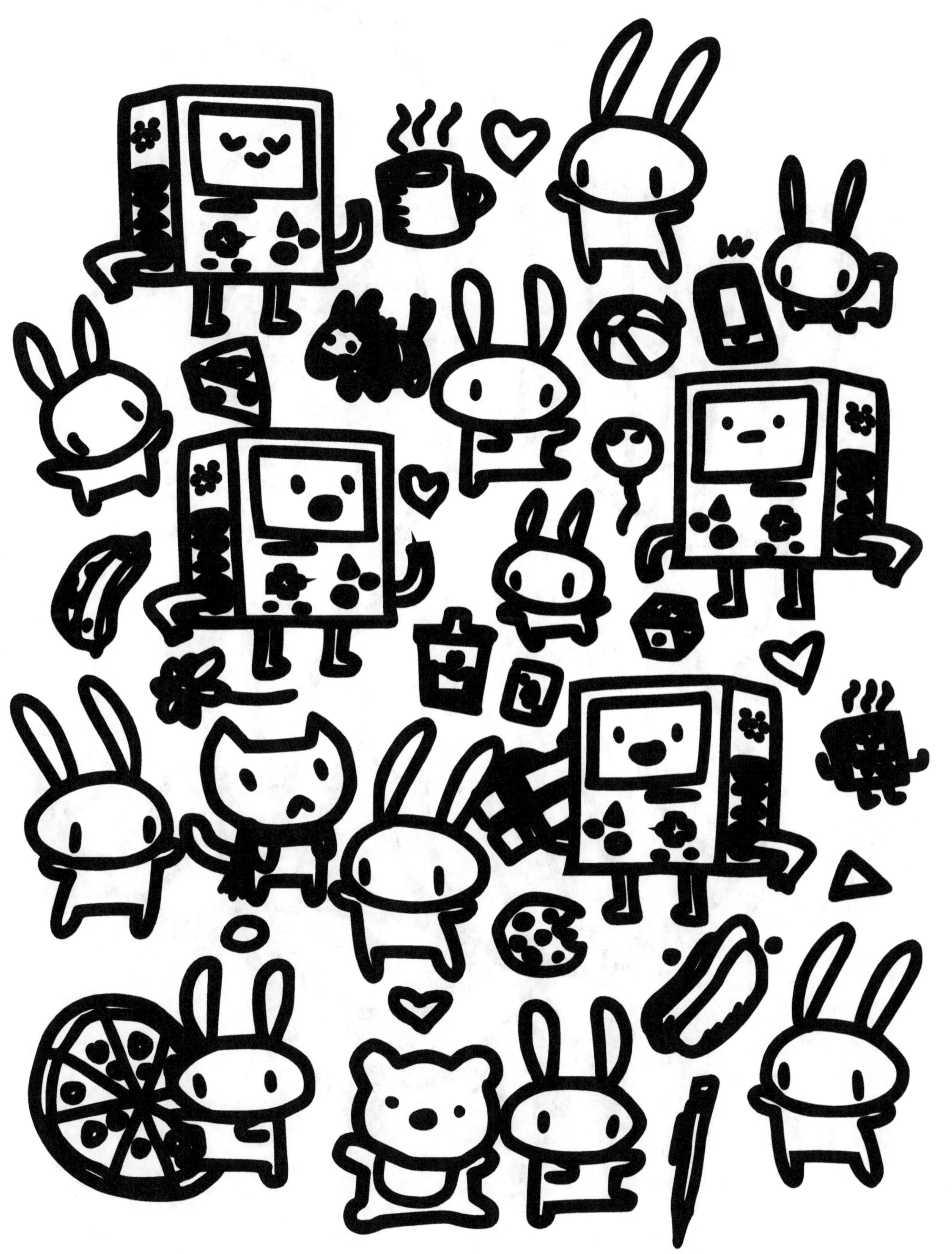

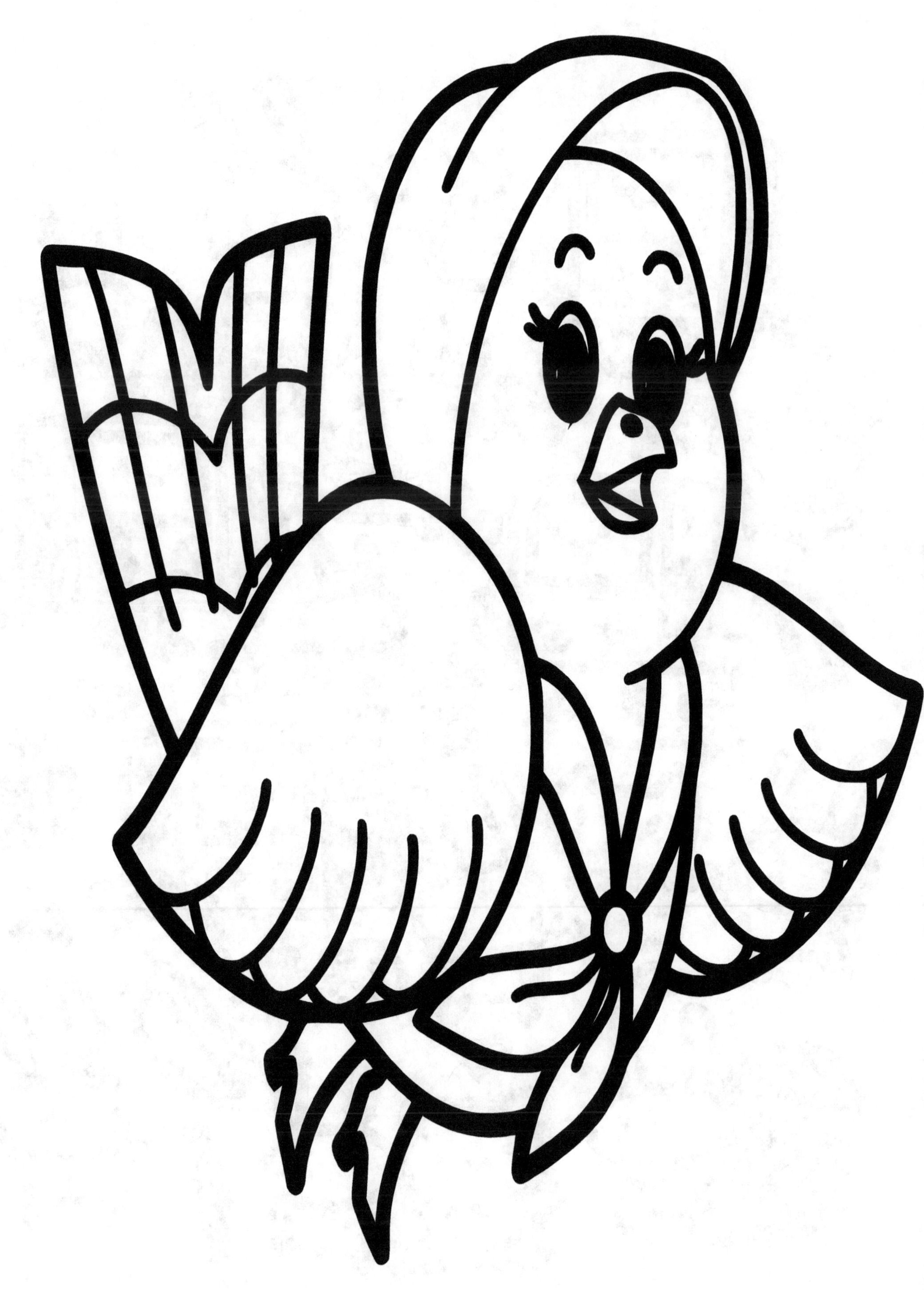

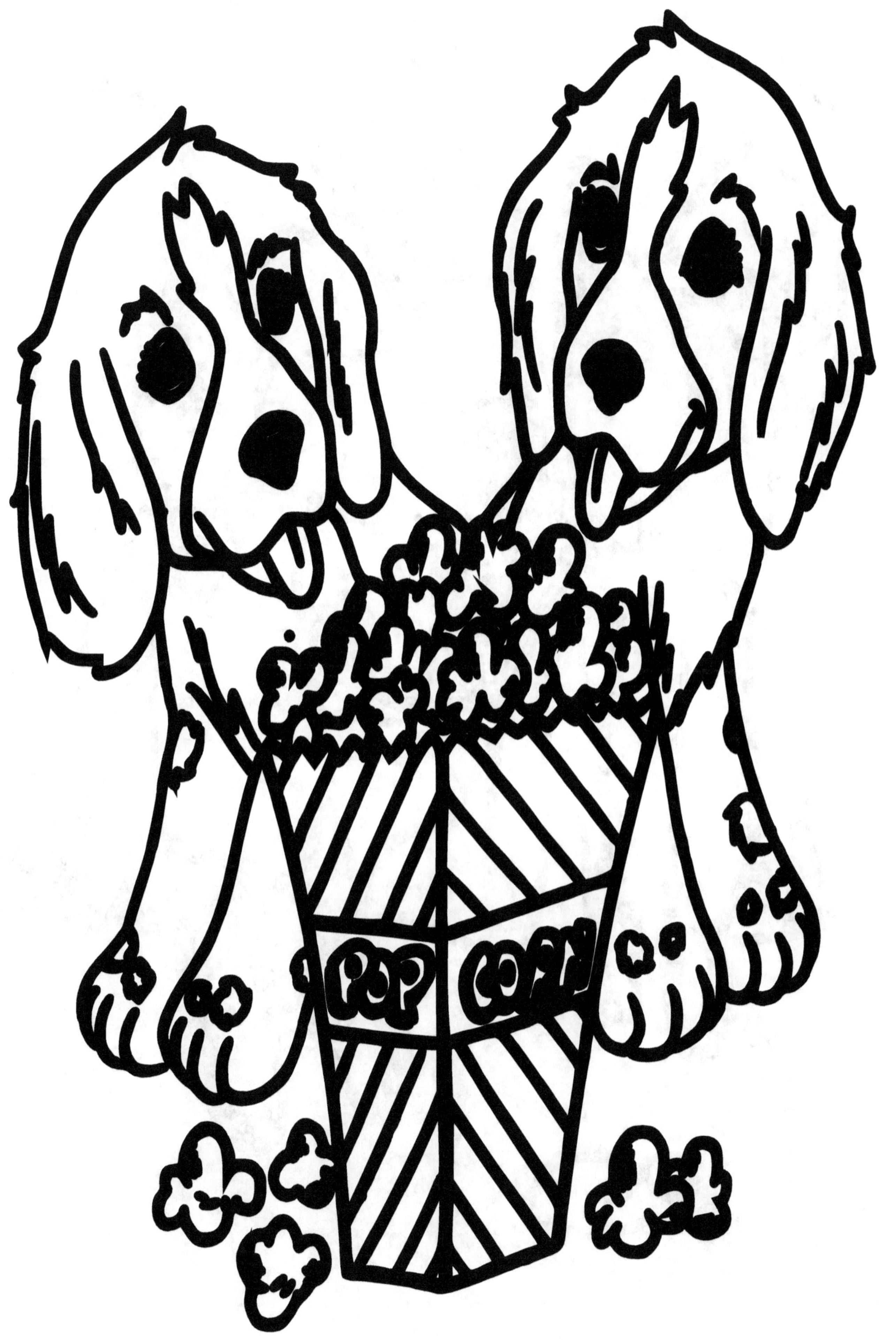
POP CORN

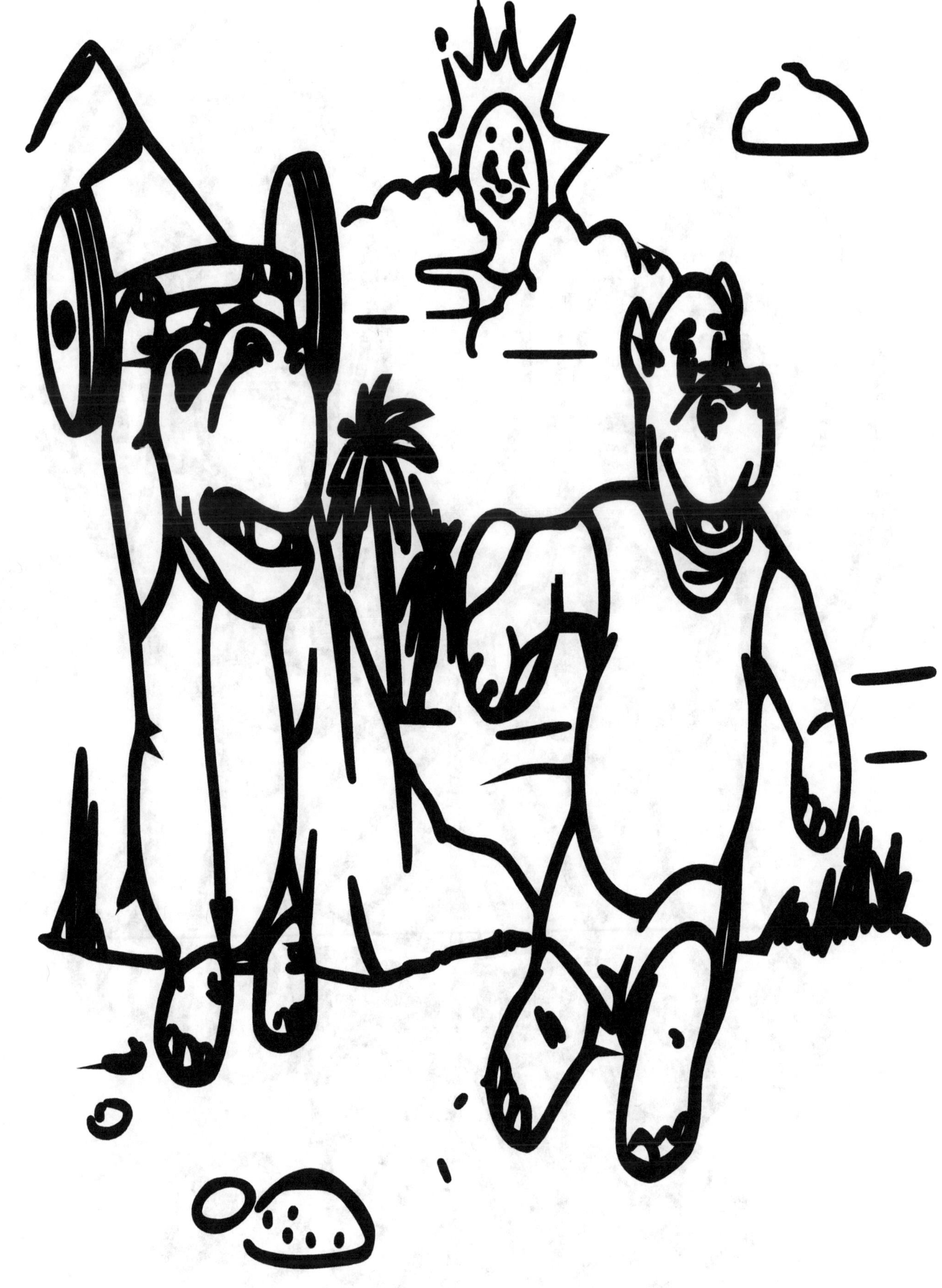

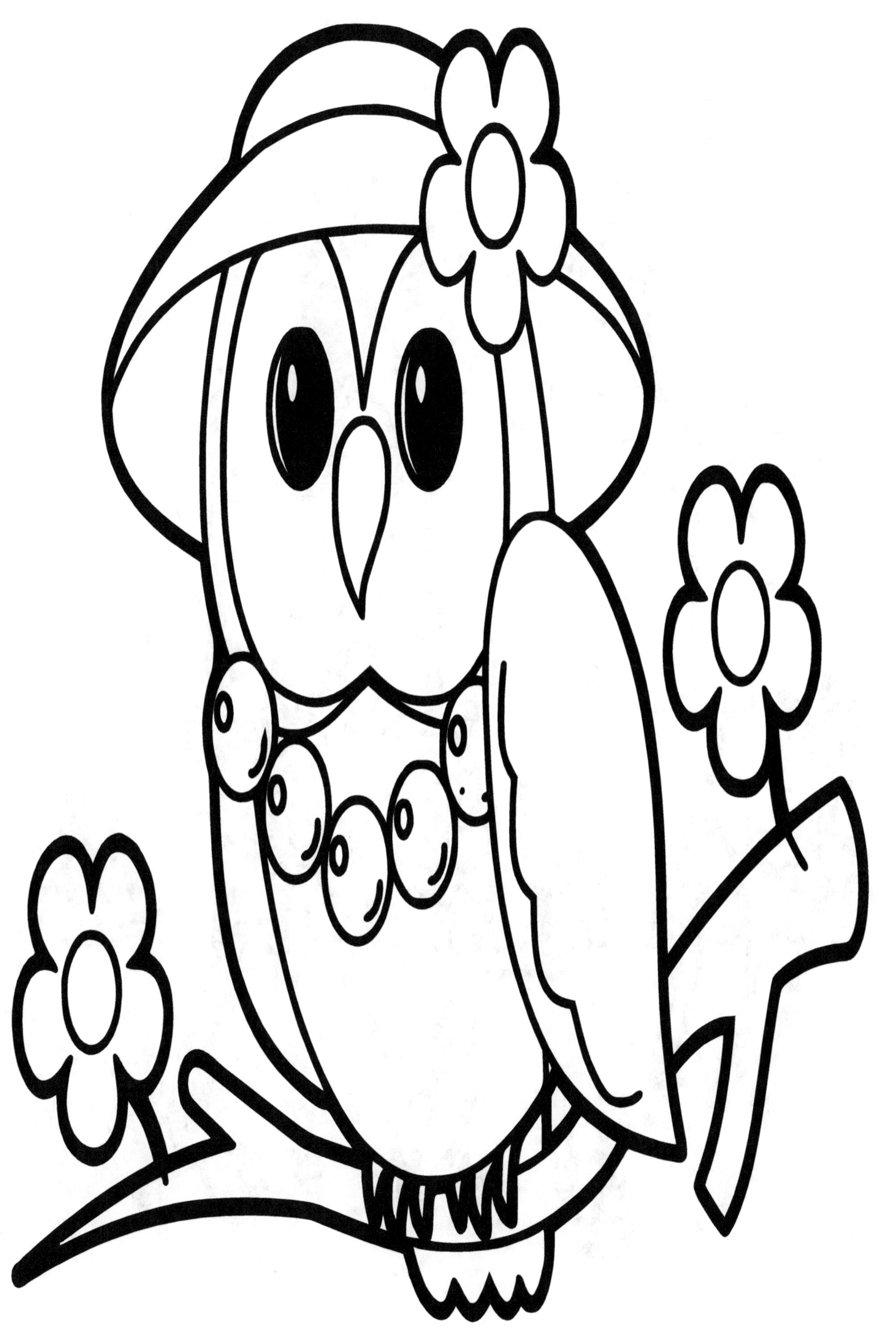

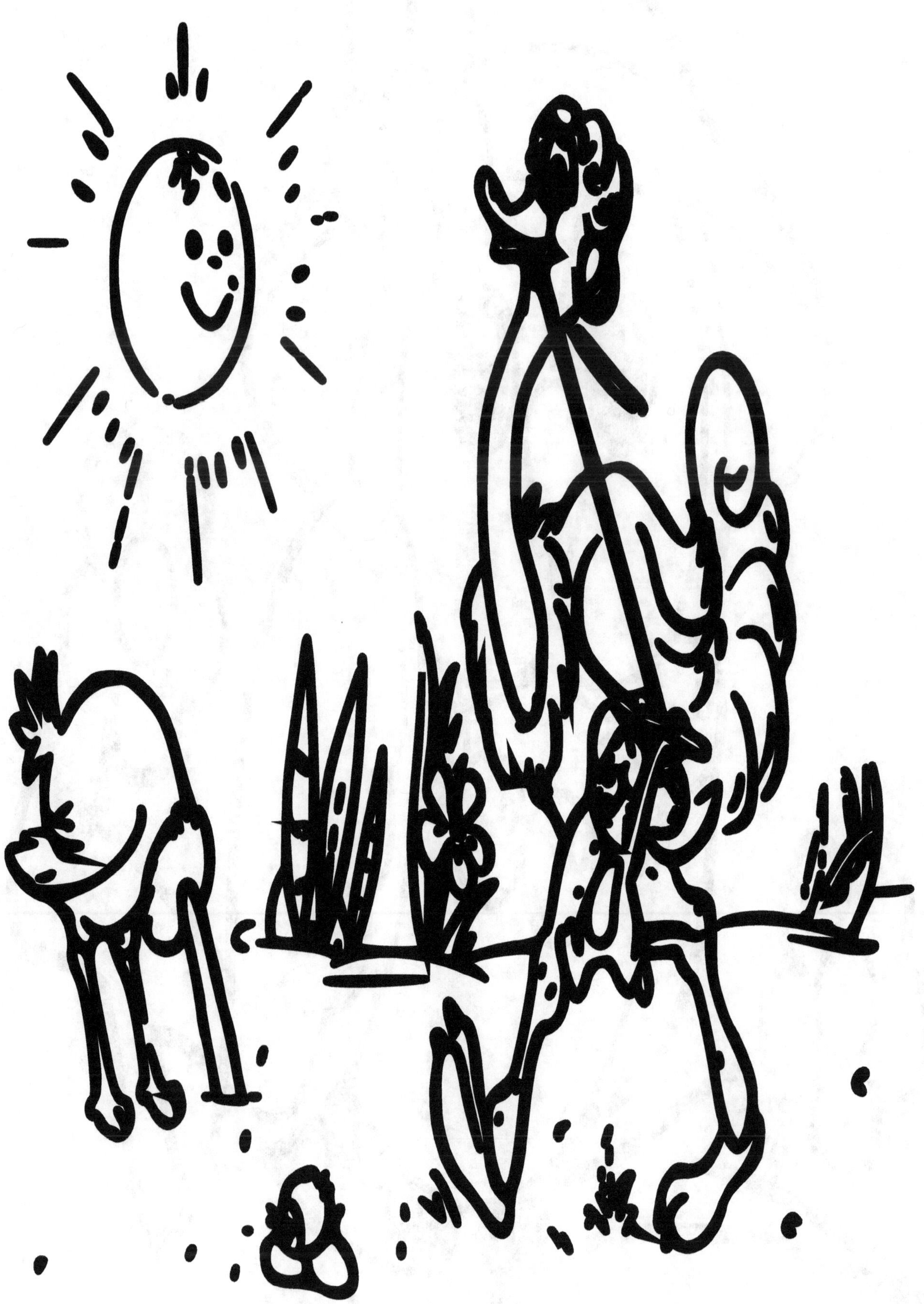

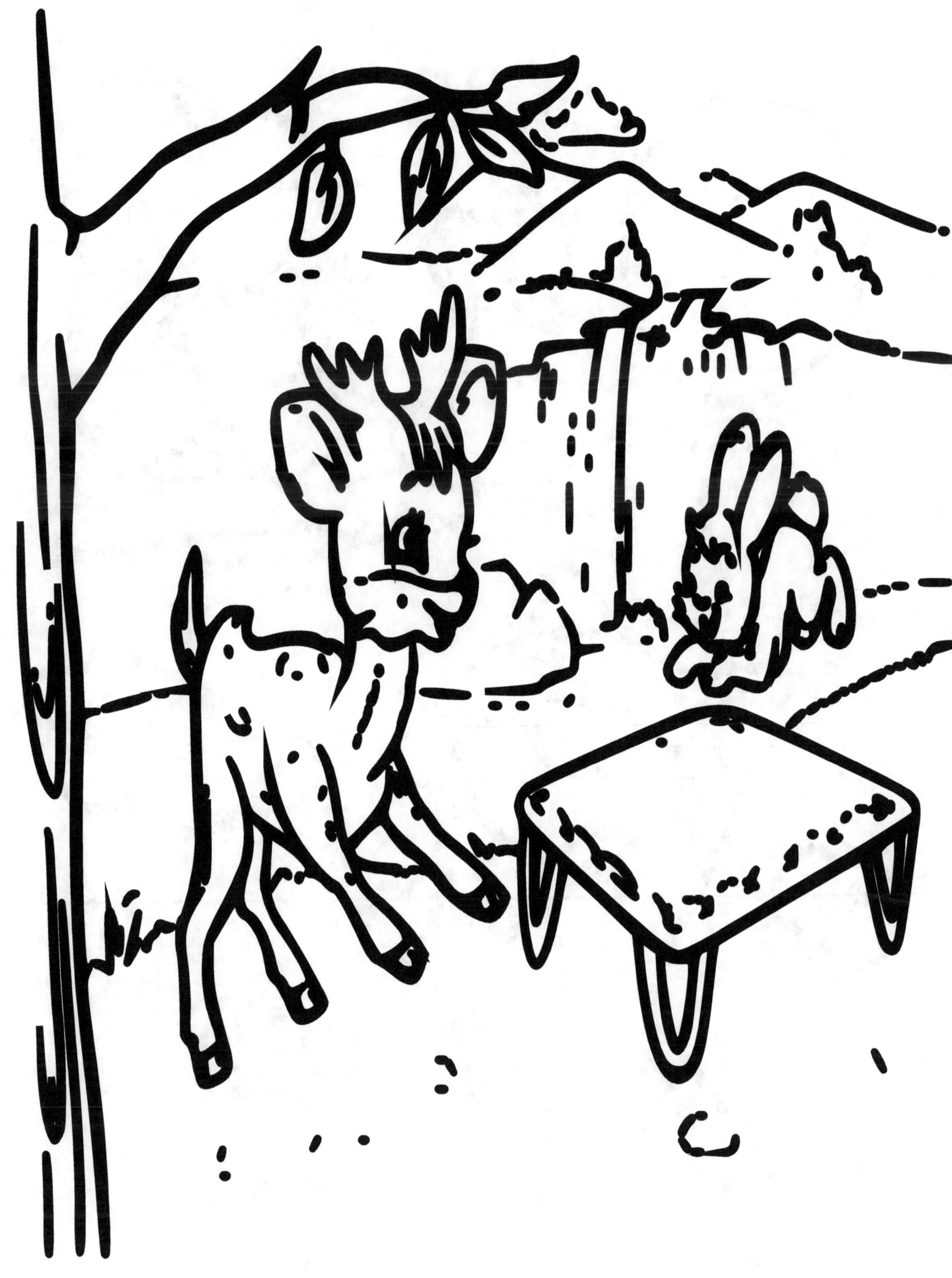

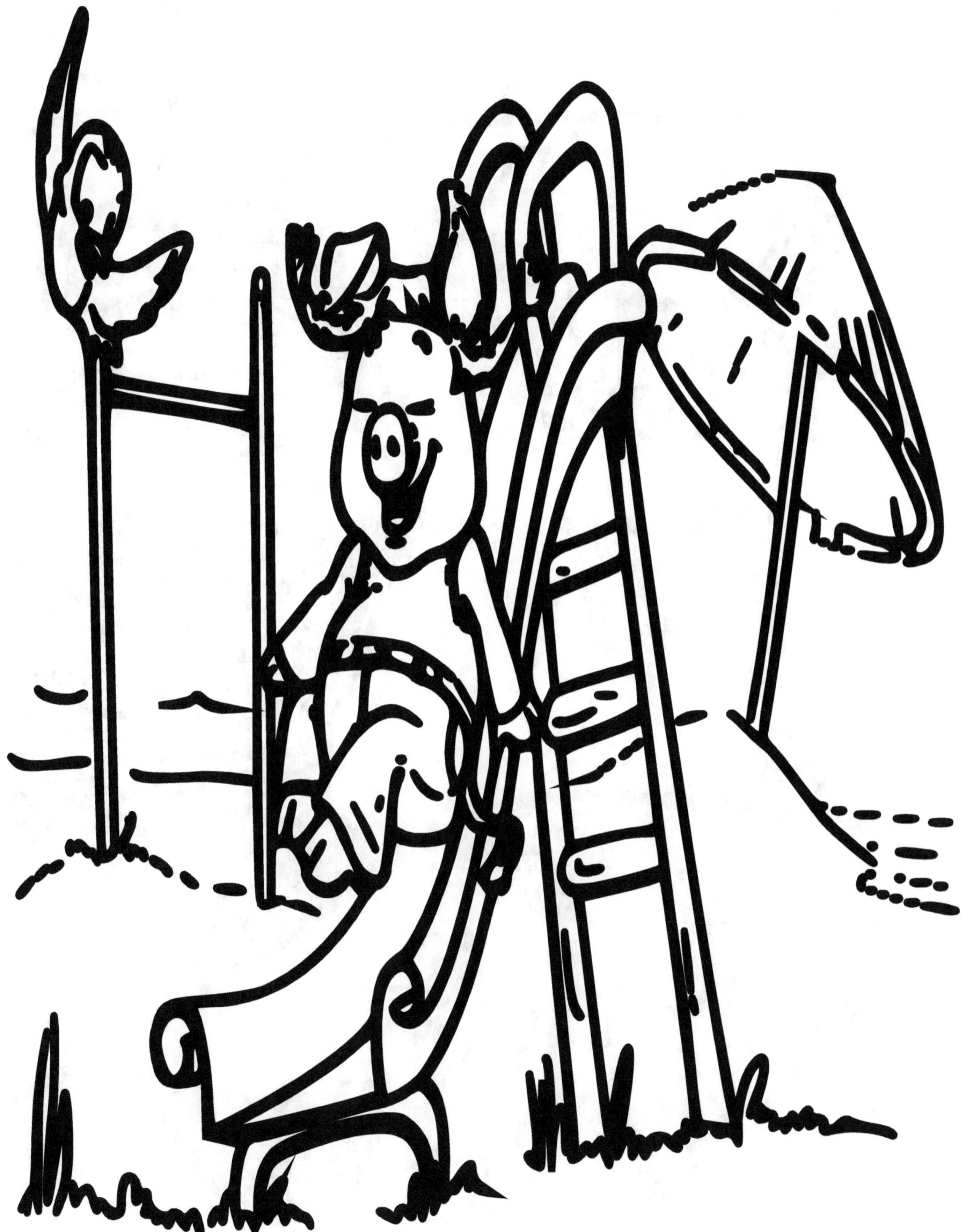

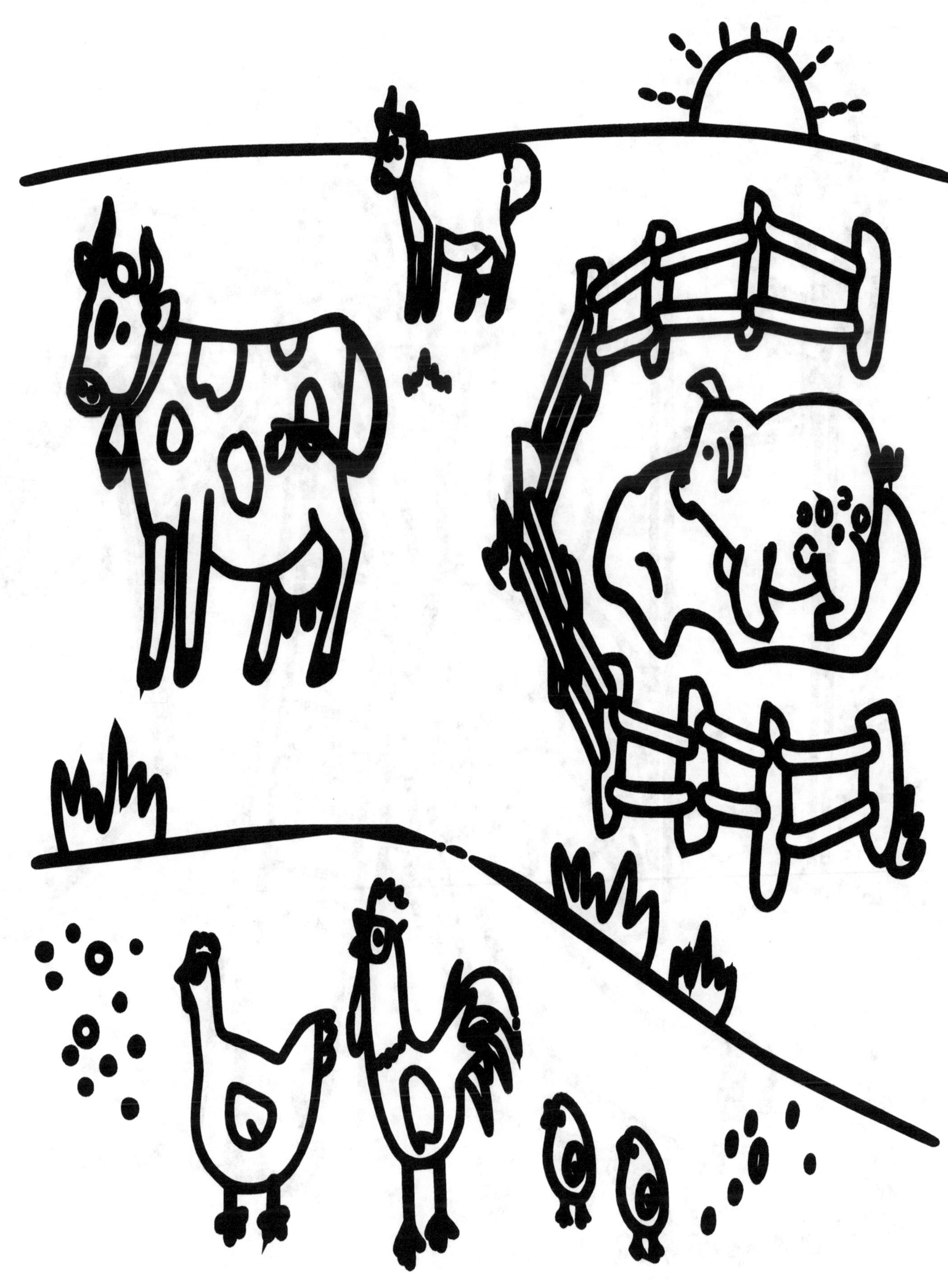

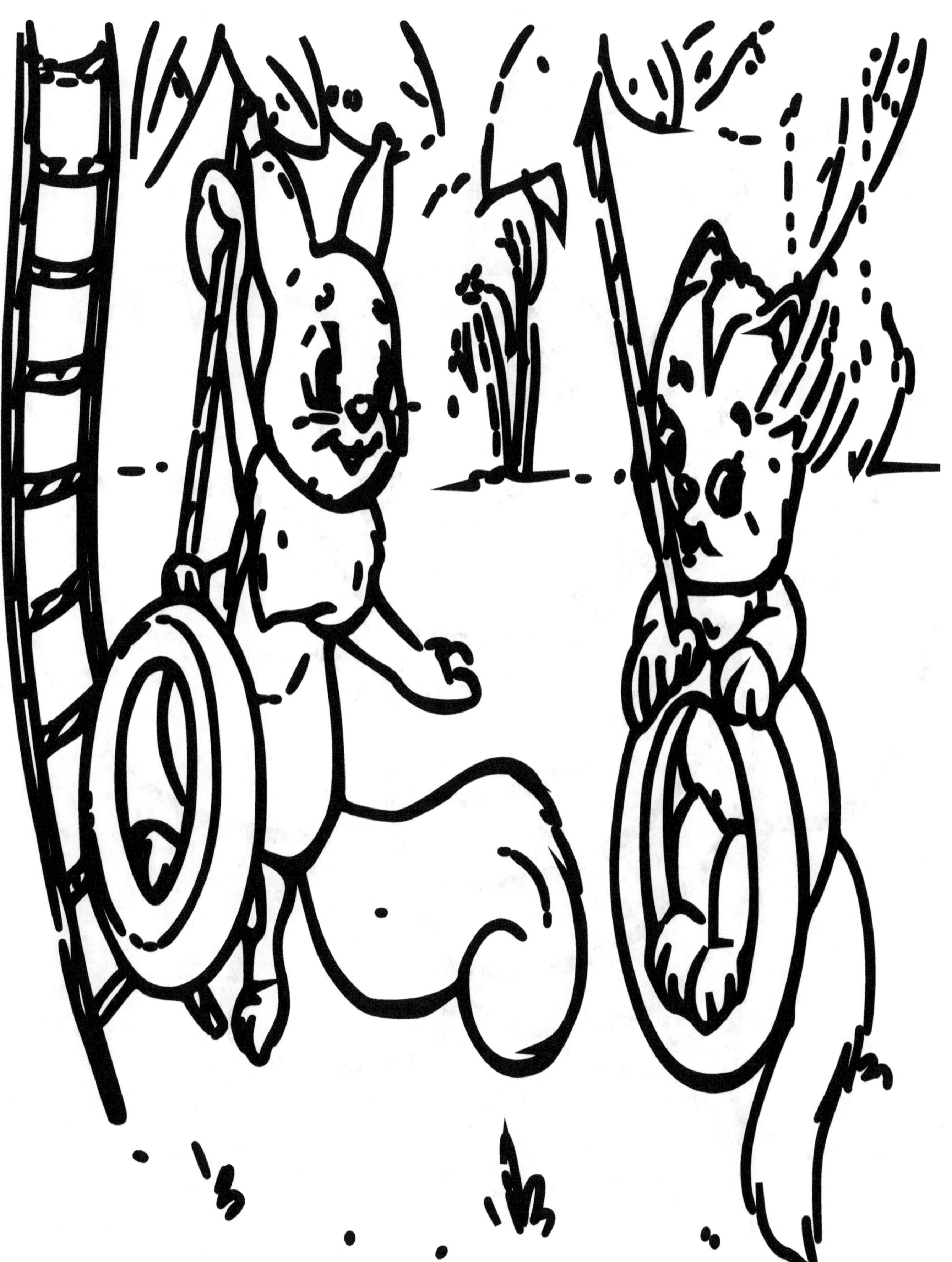

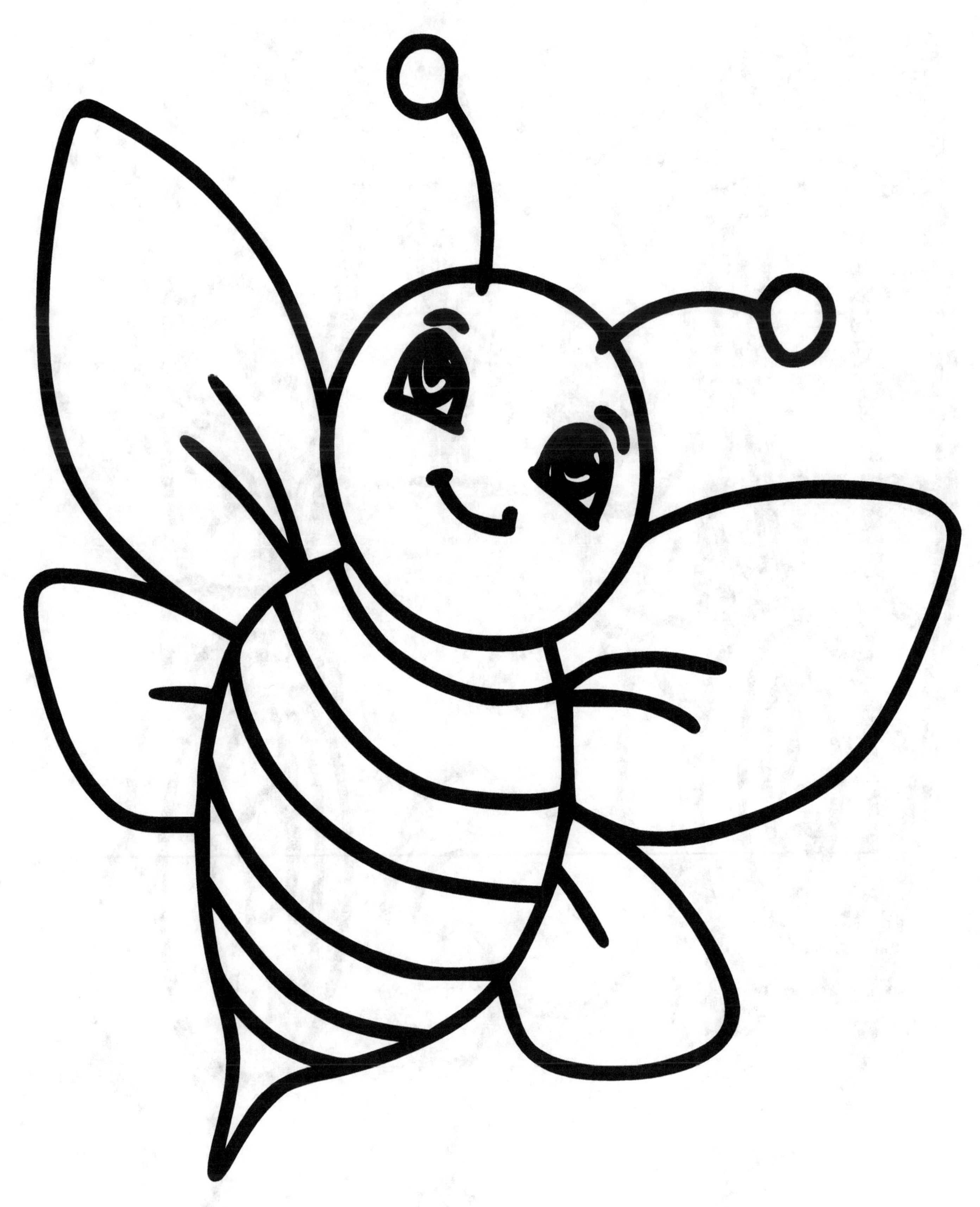

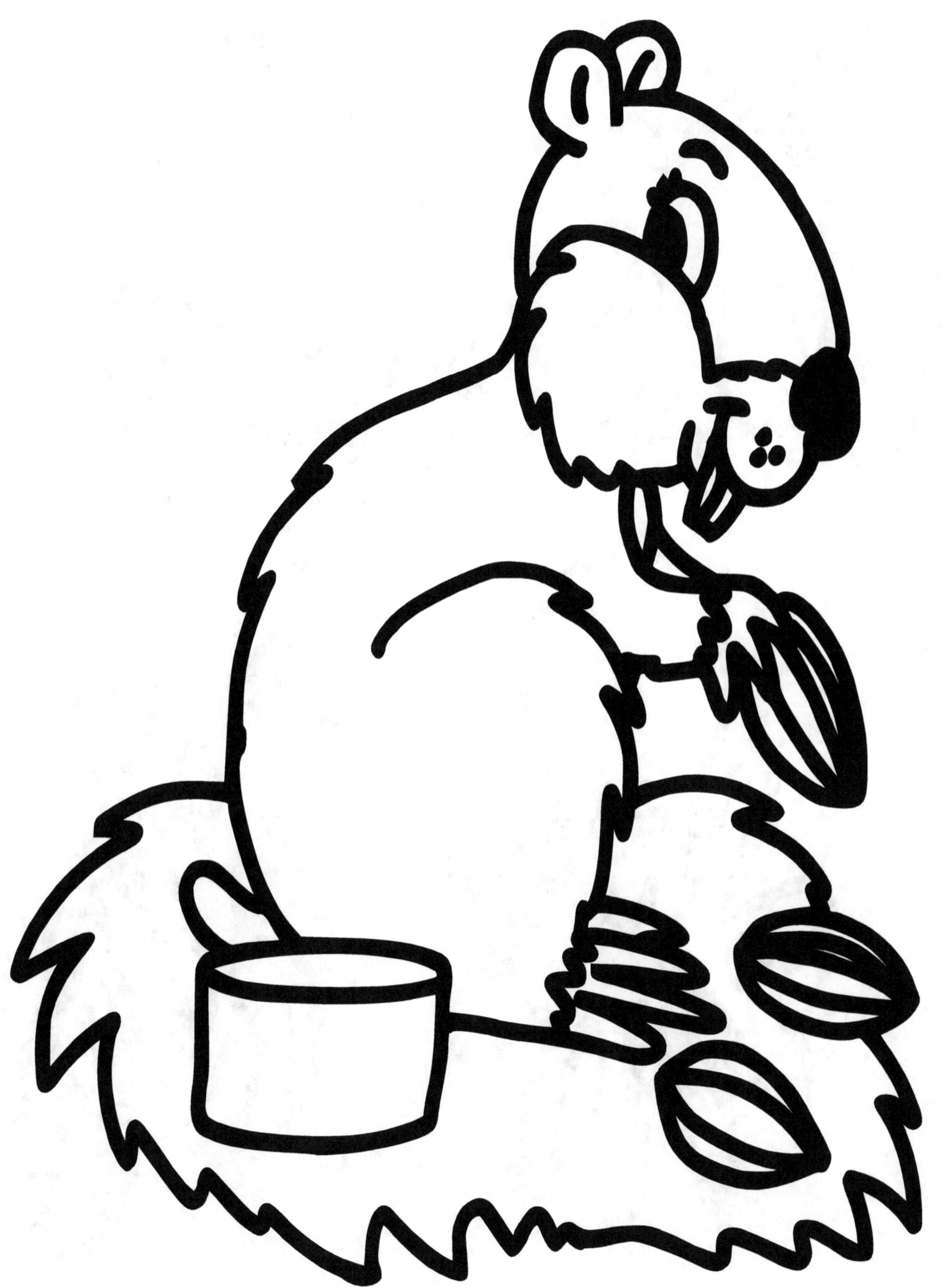

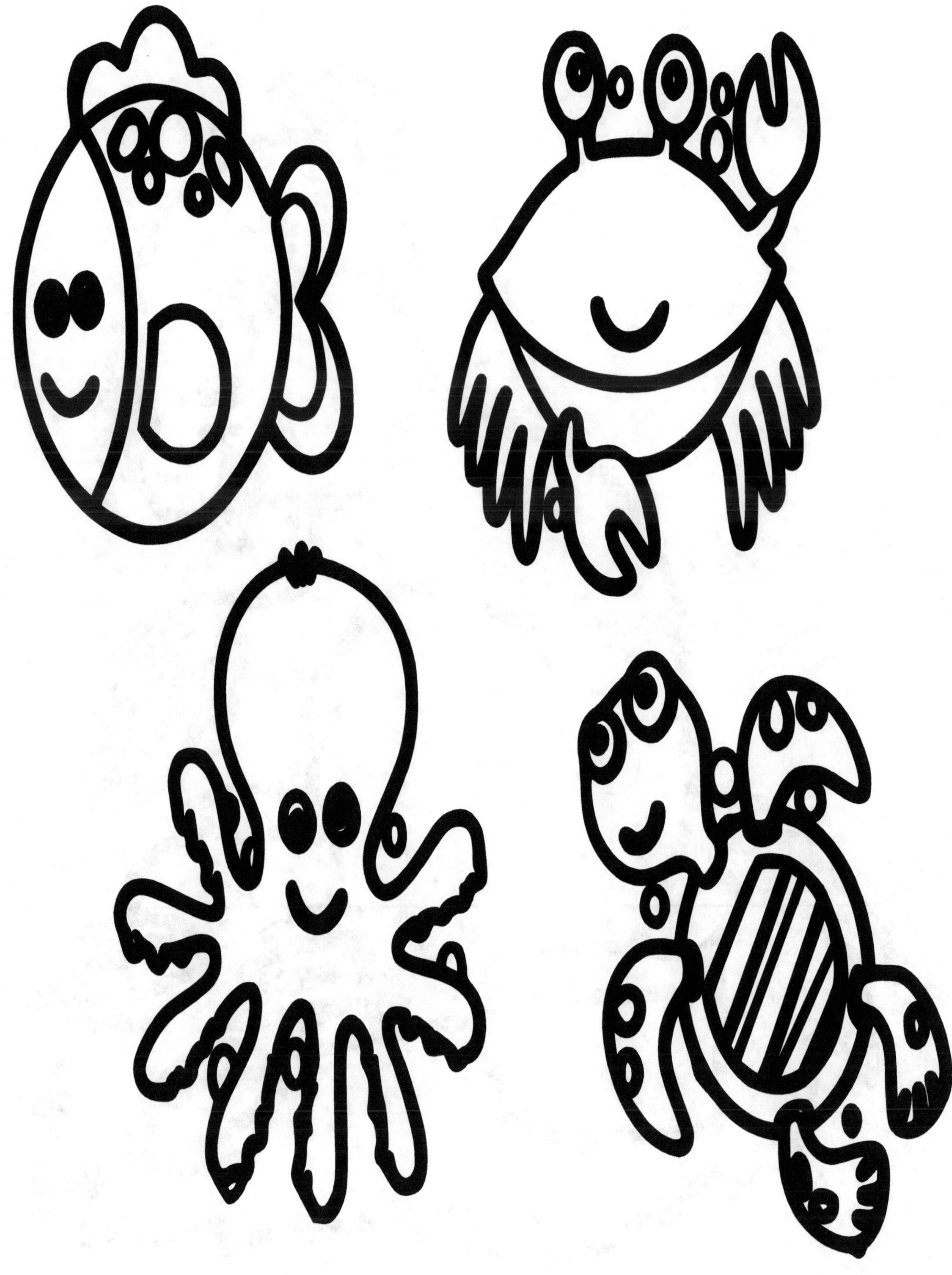

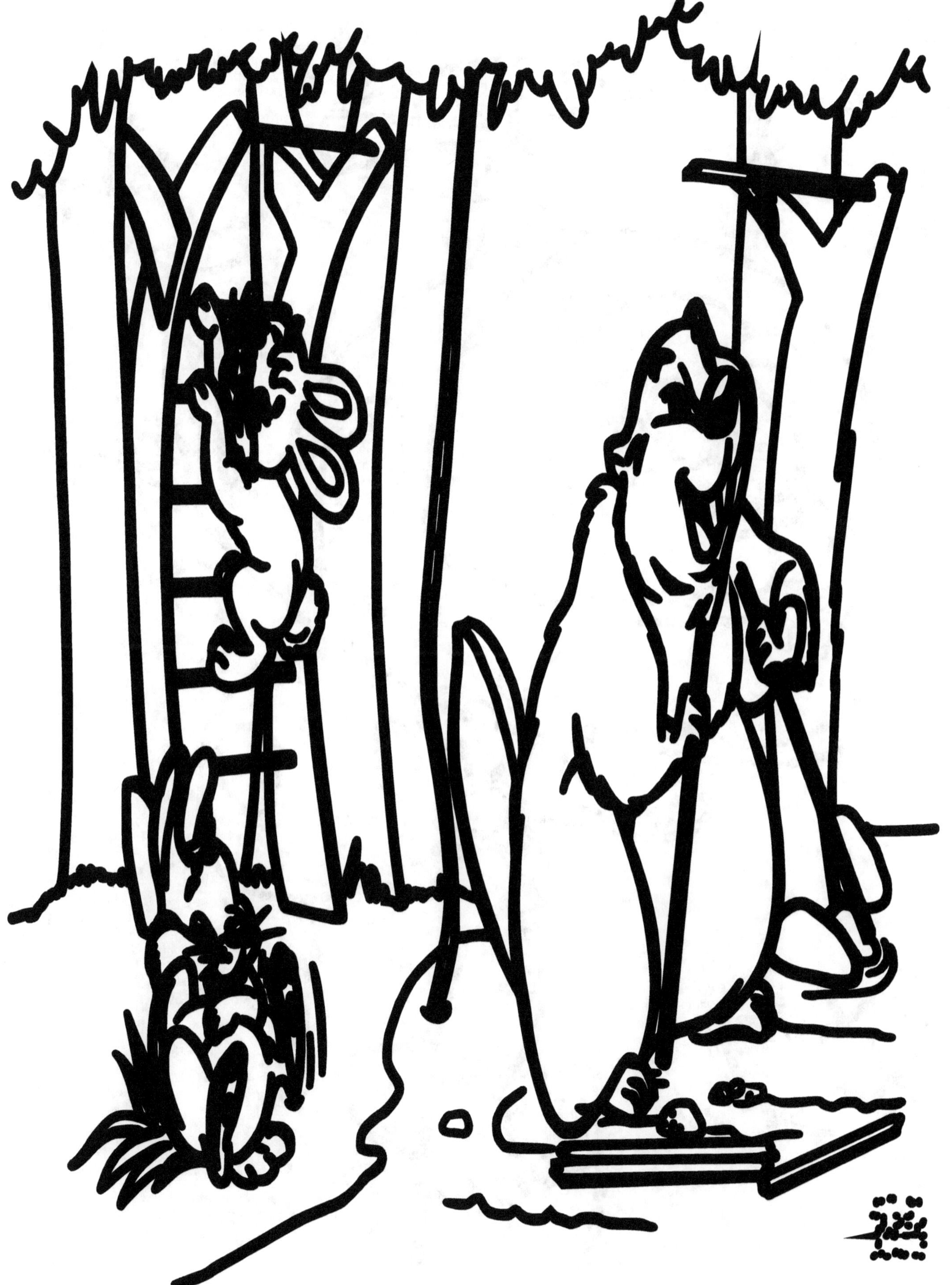

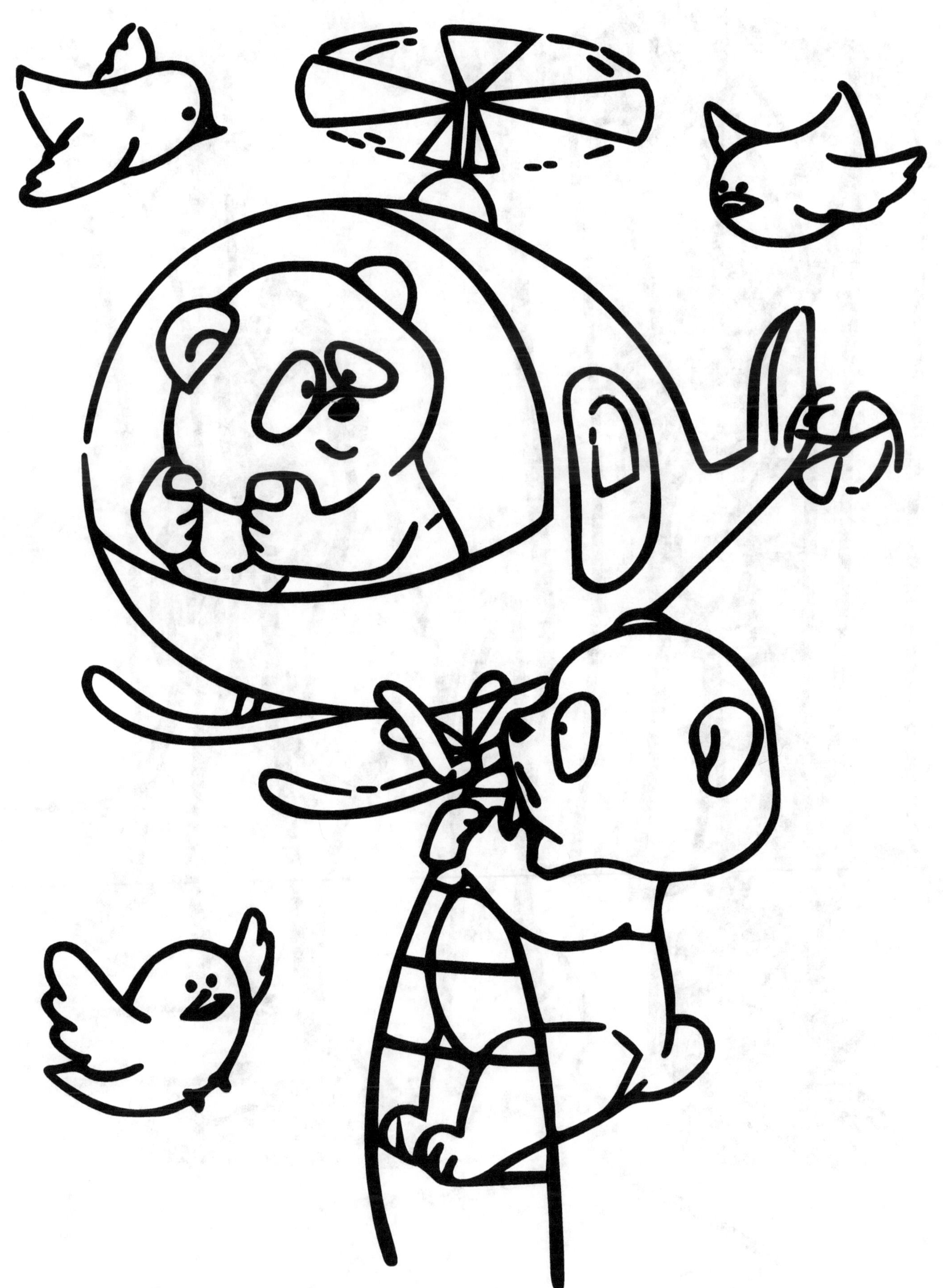

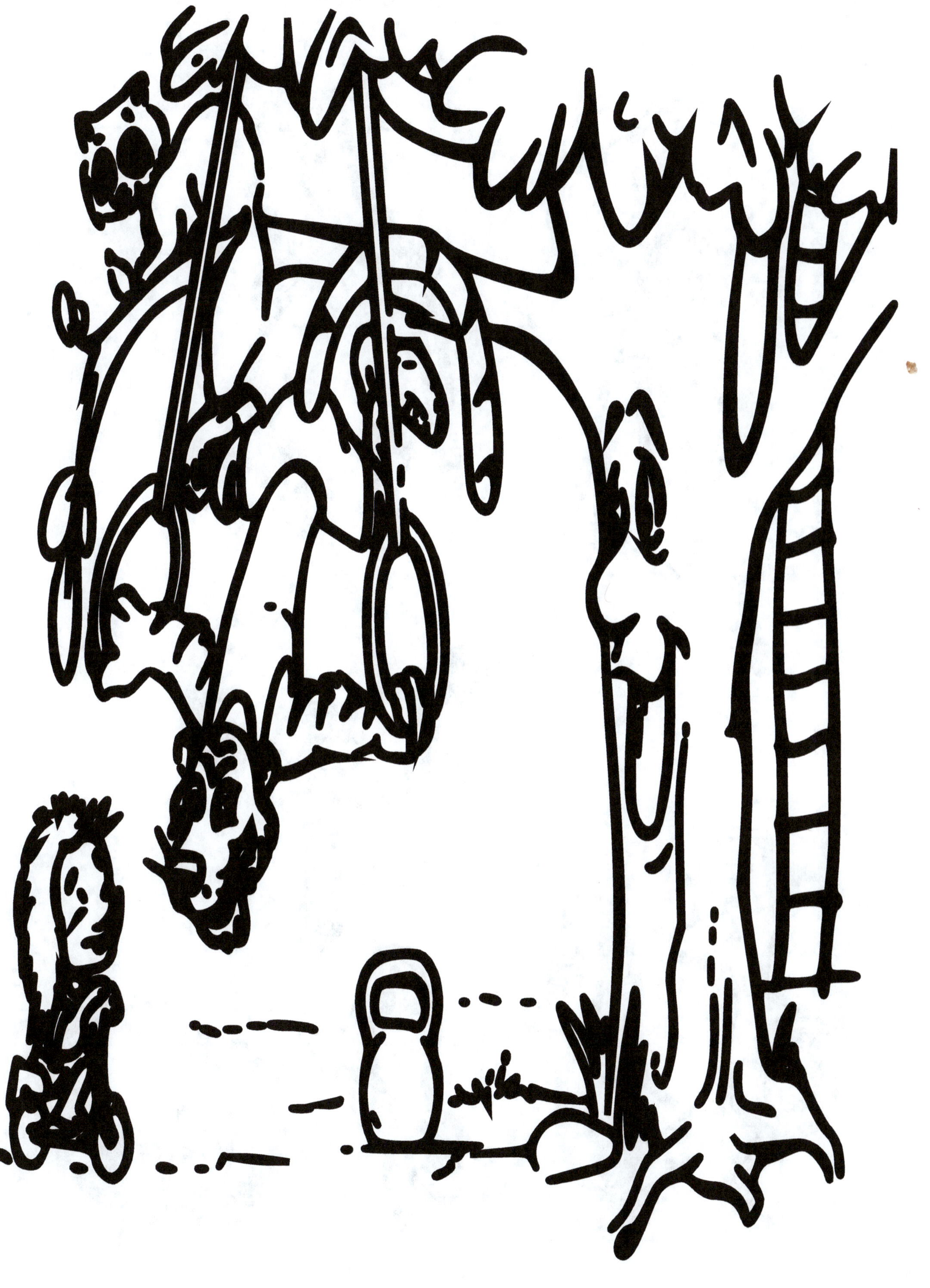

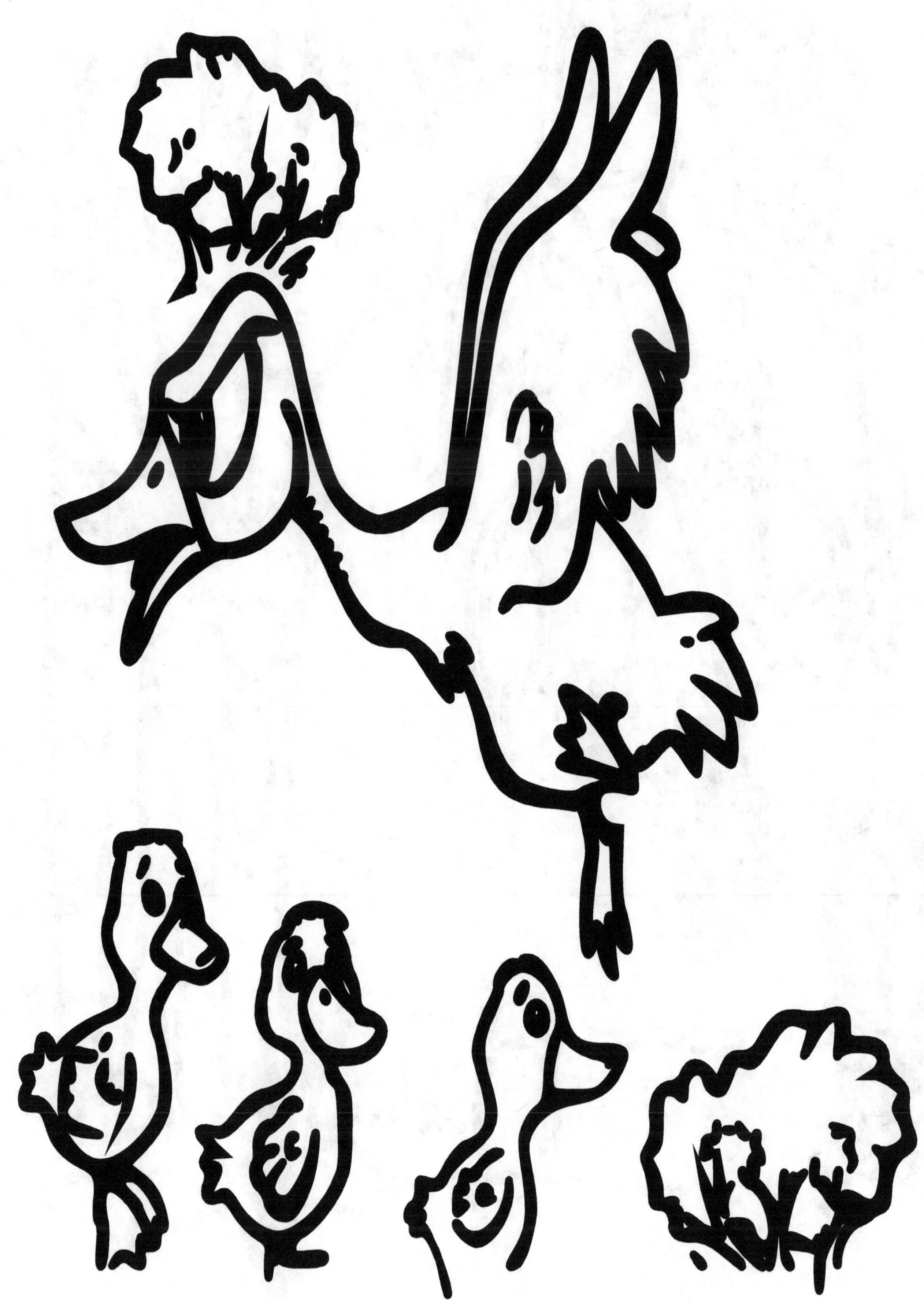

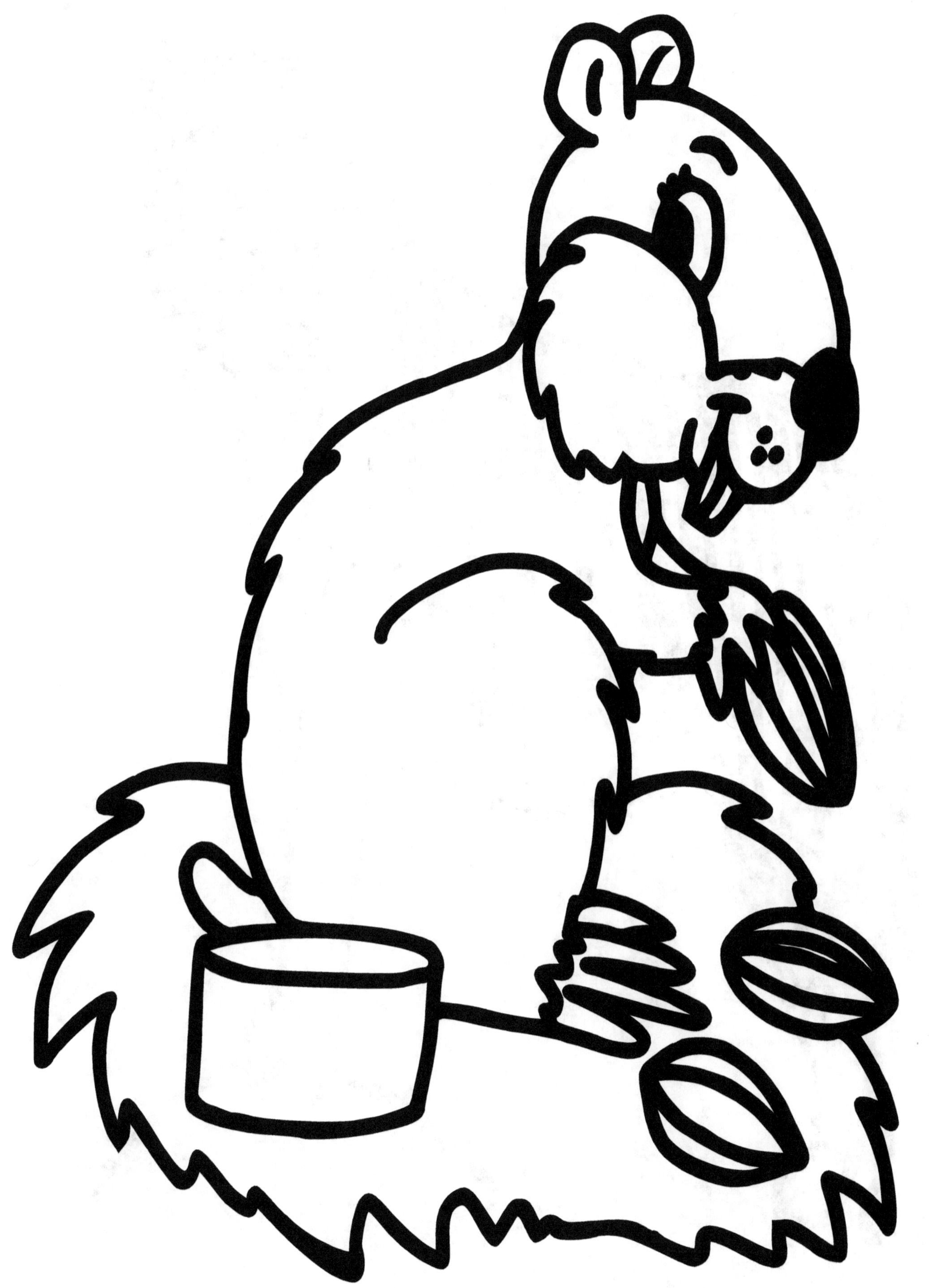

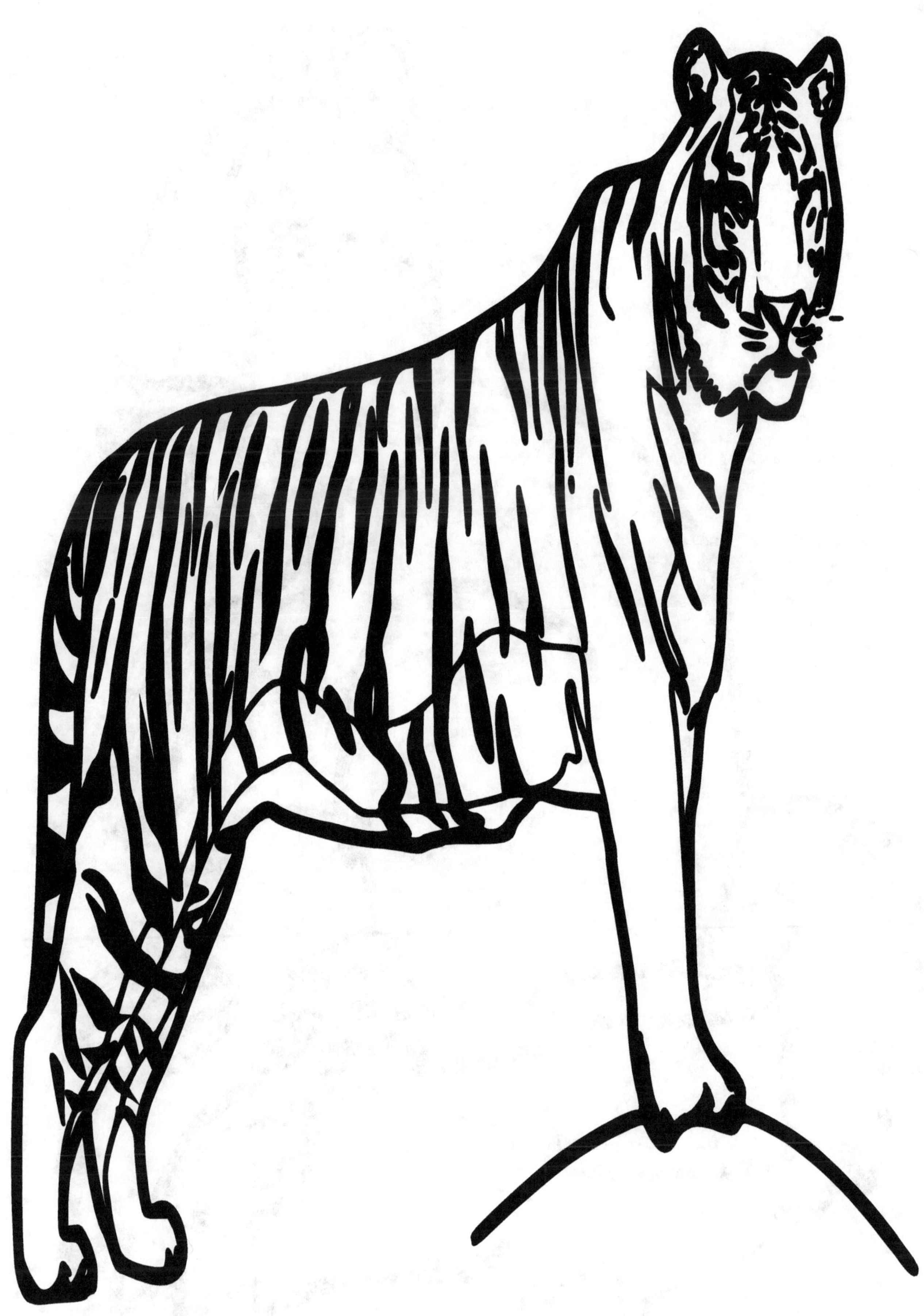

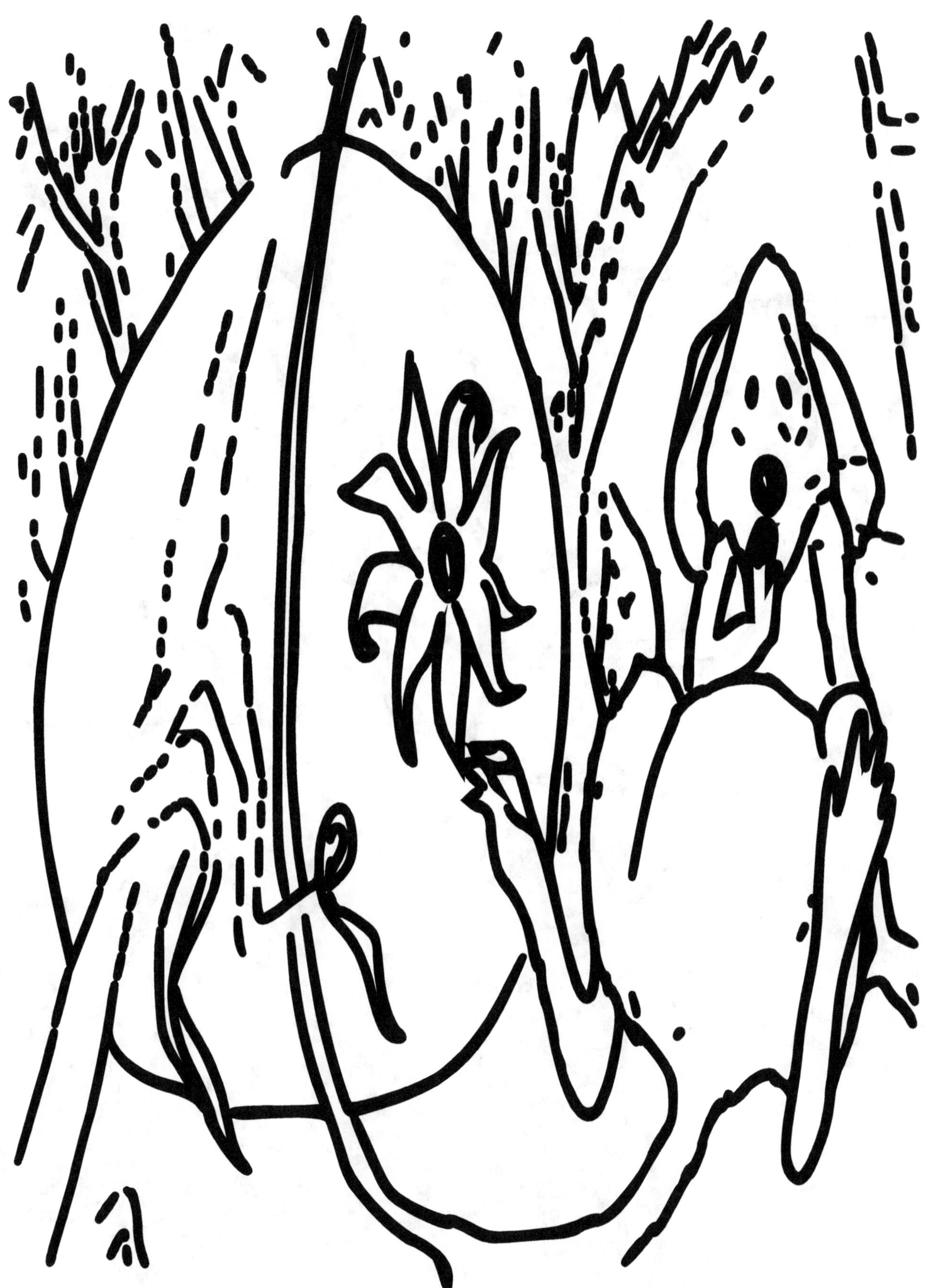

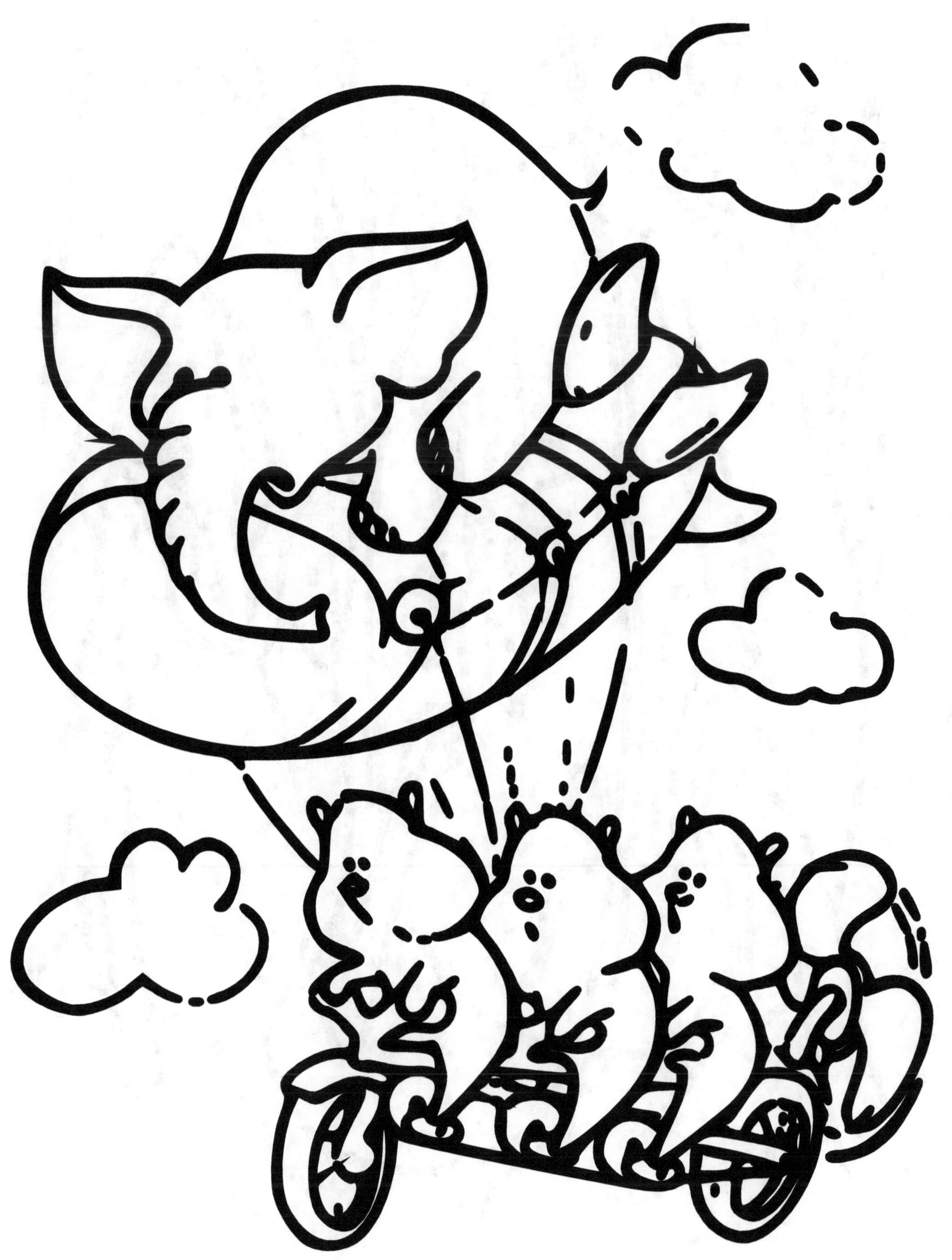

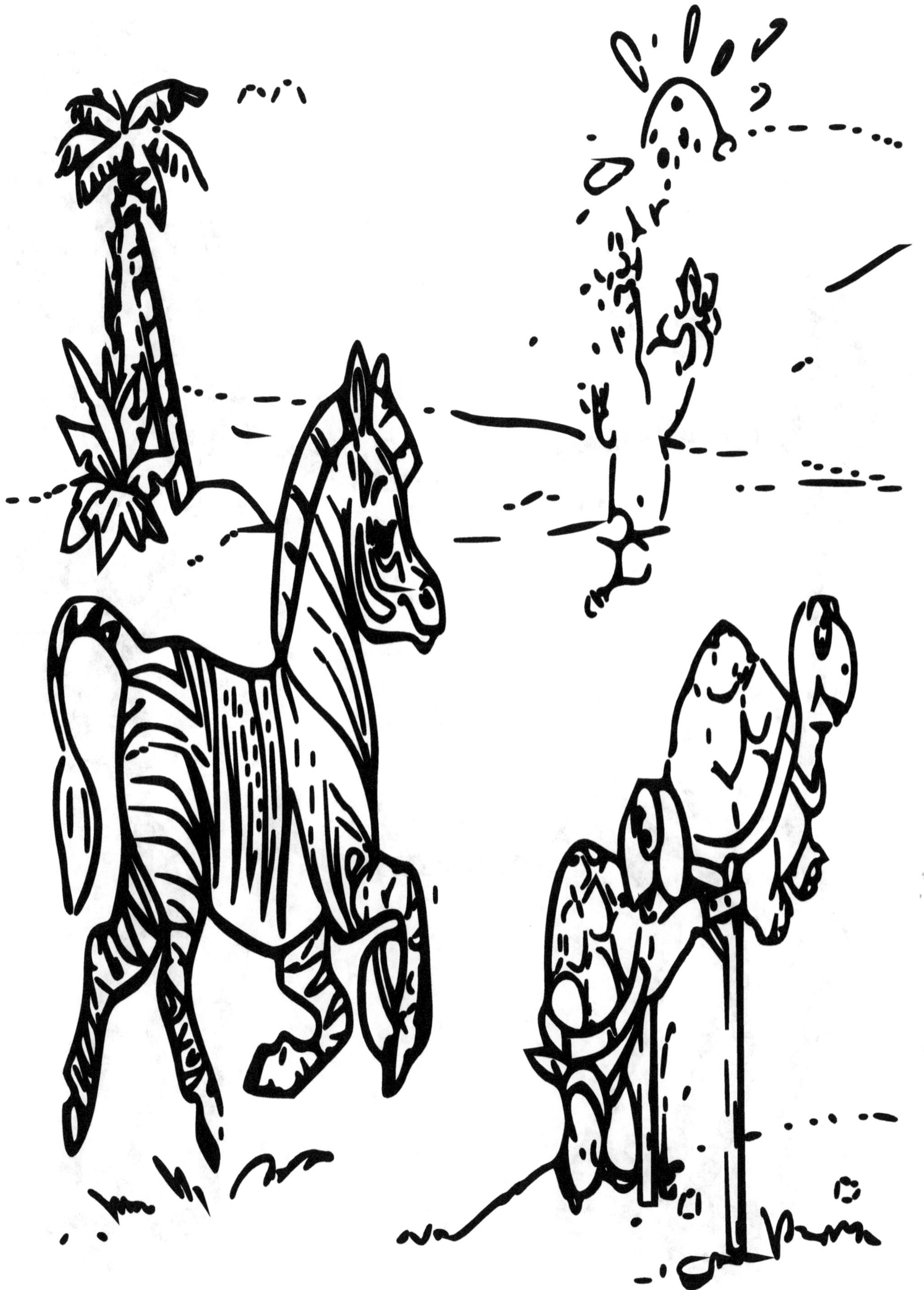

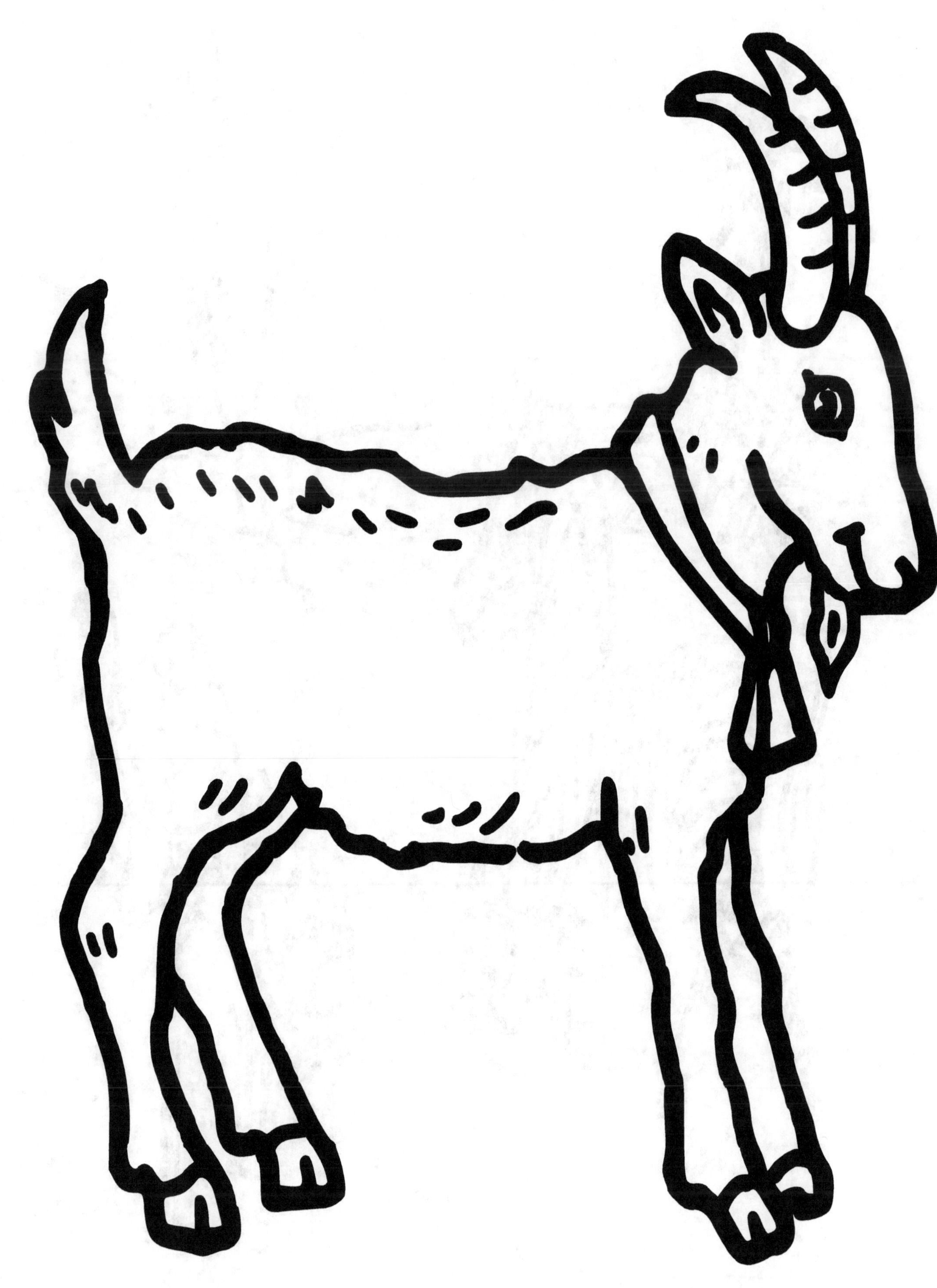

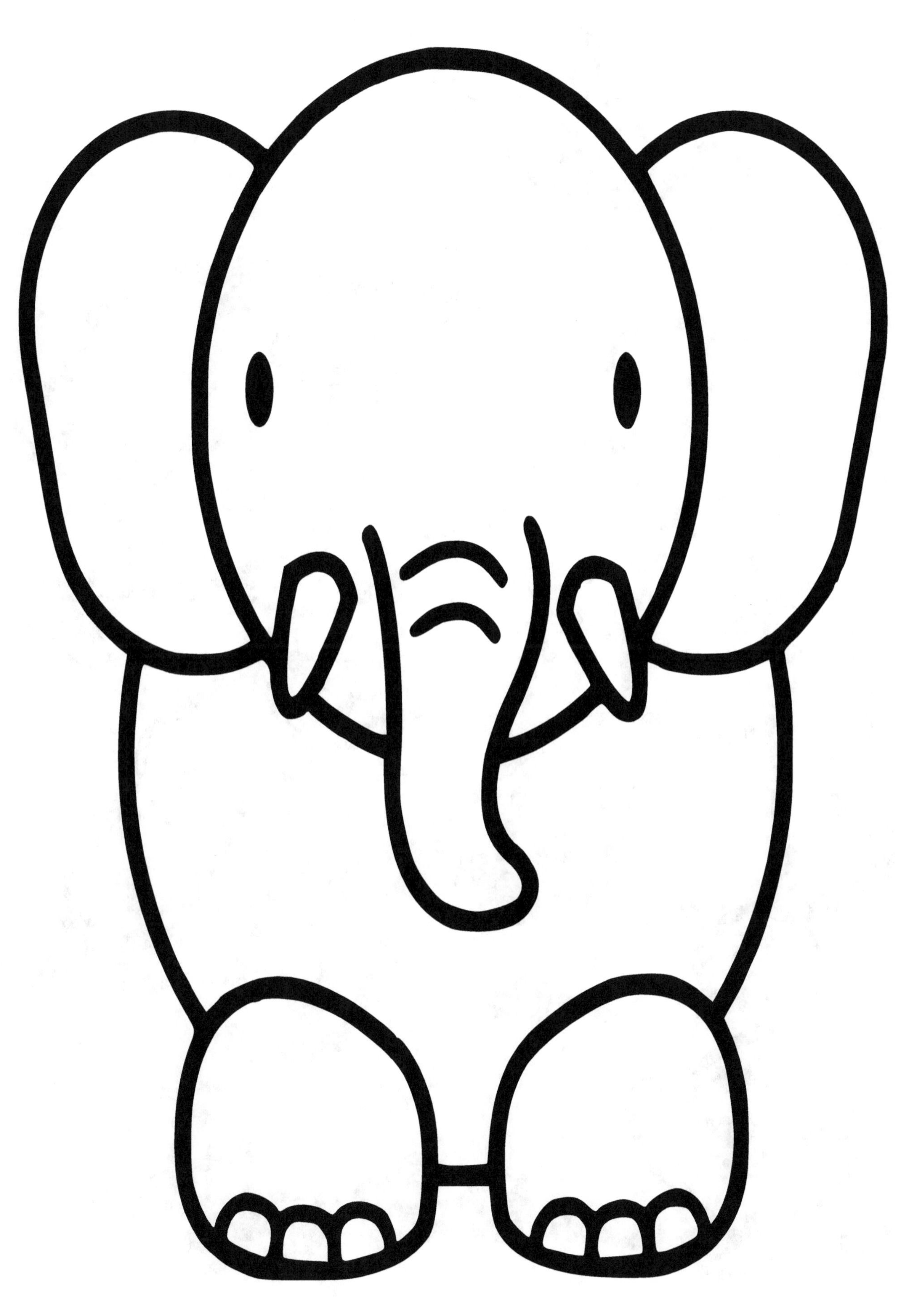

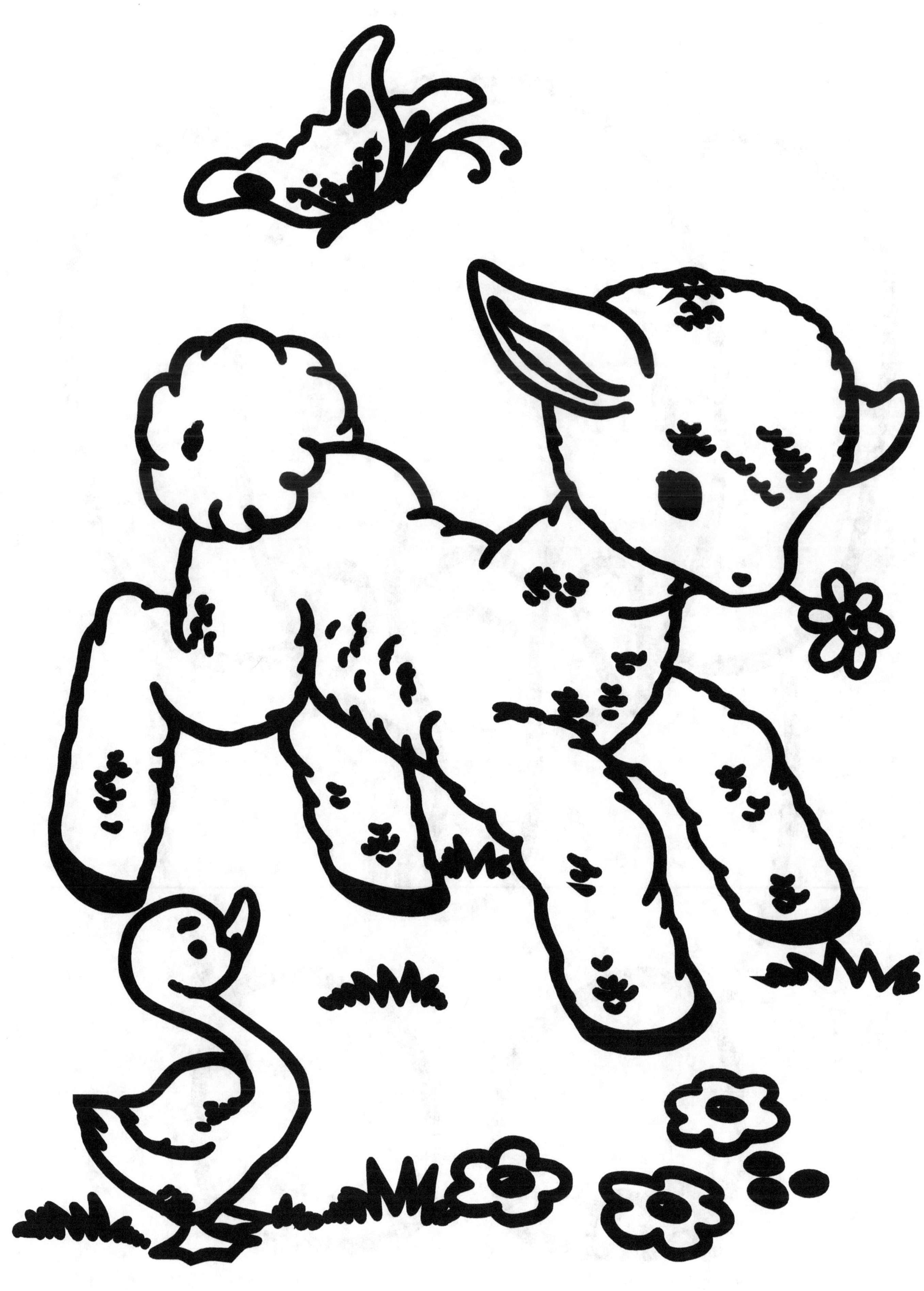

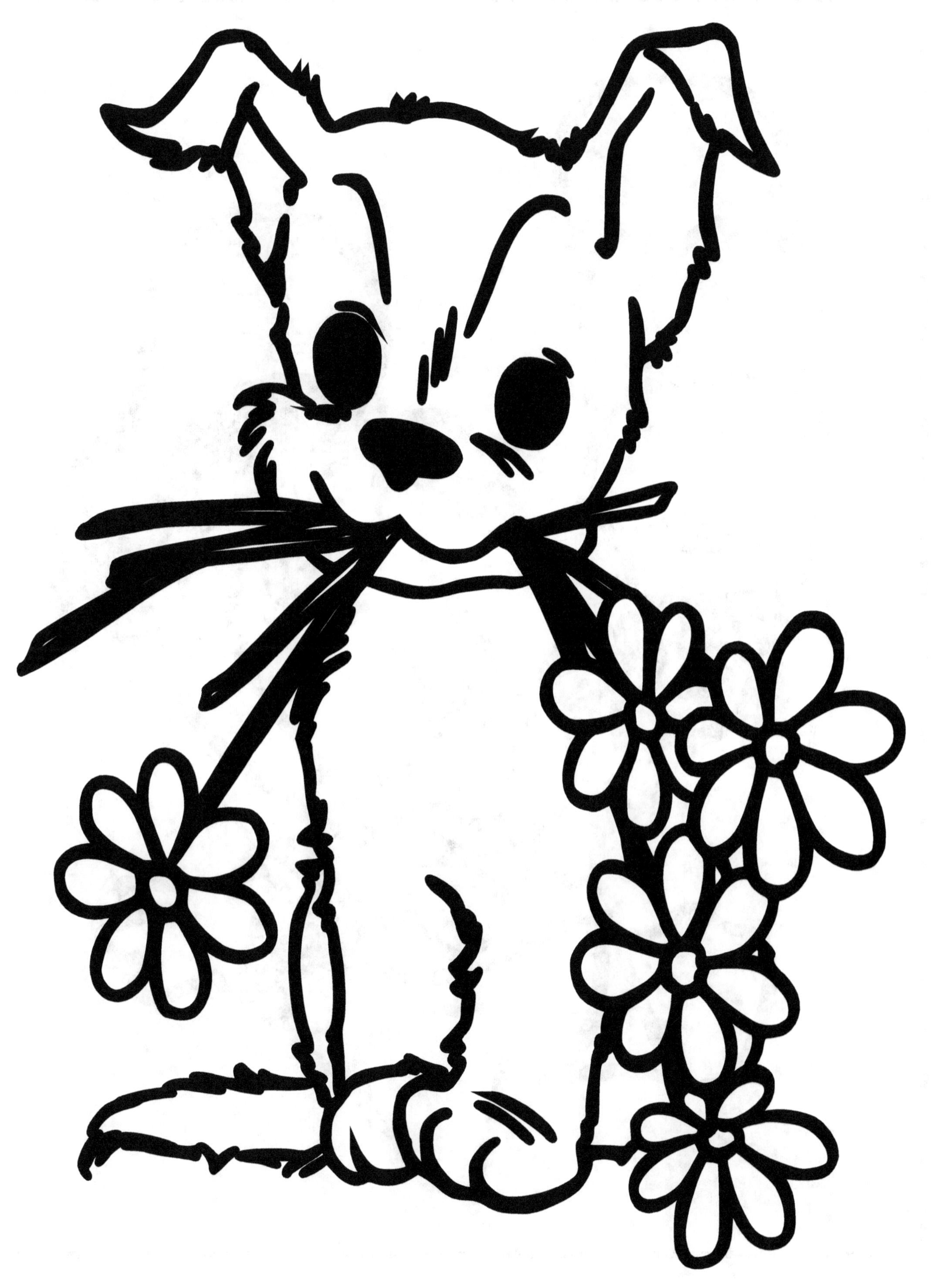

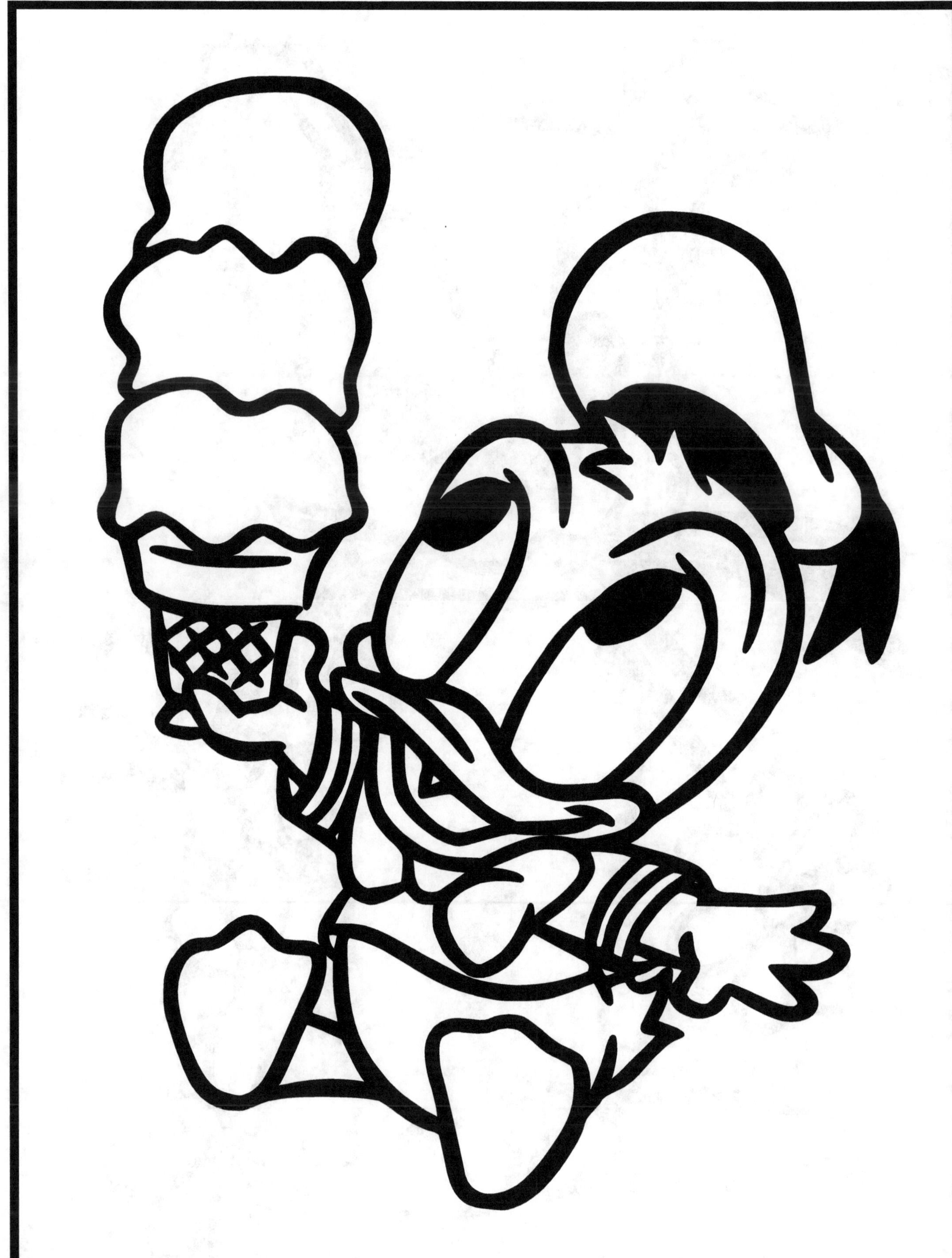

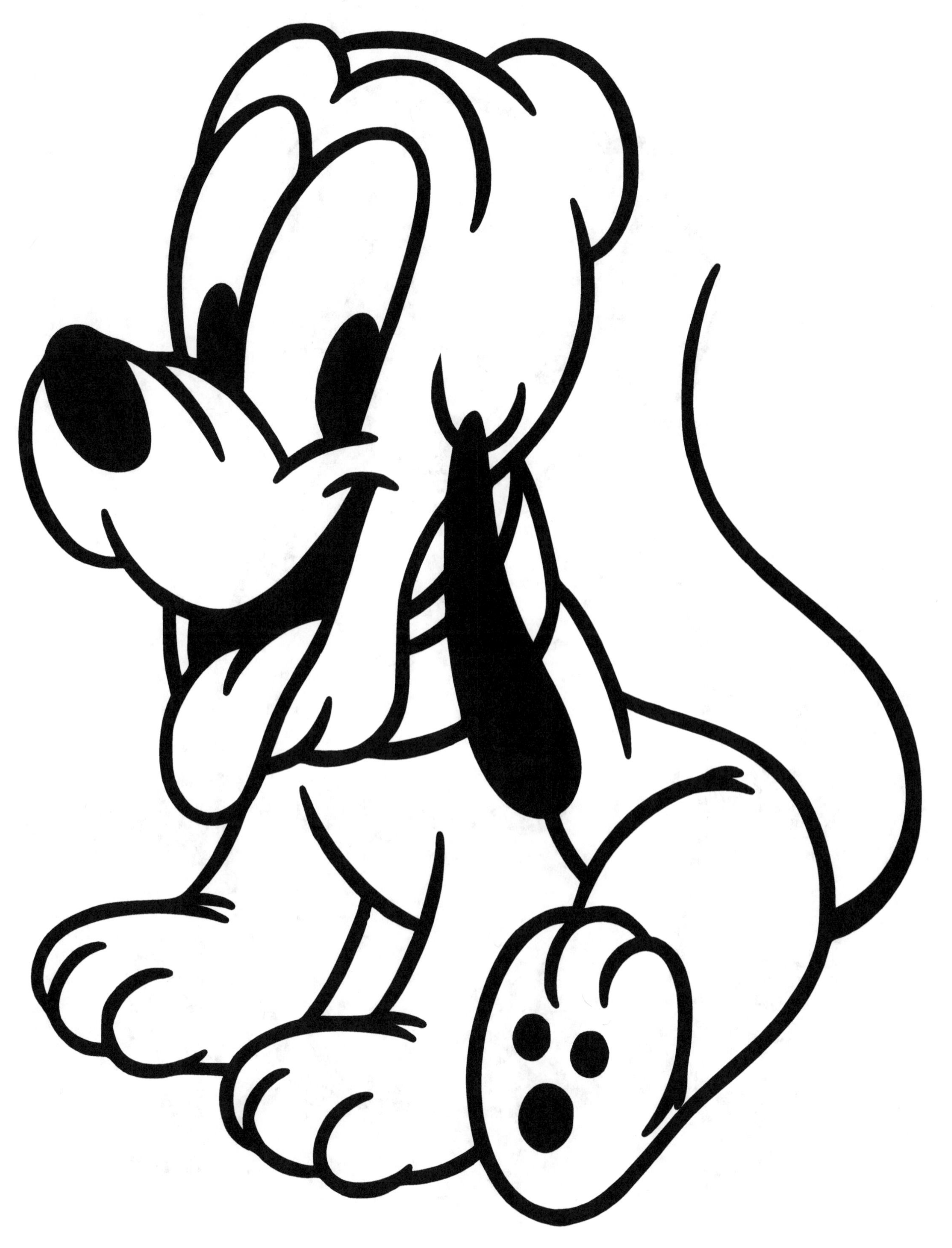

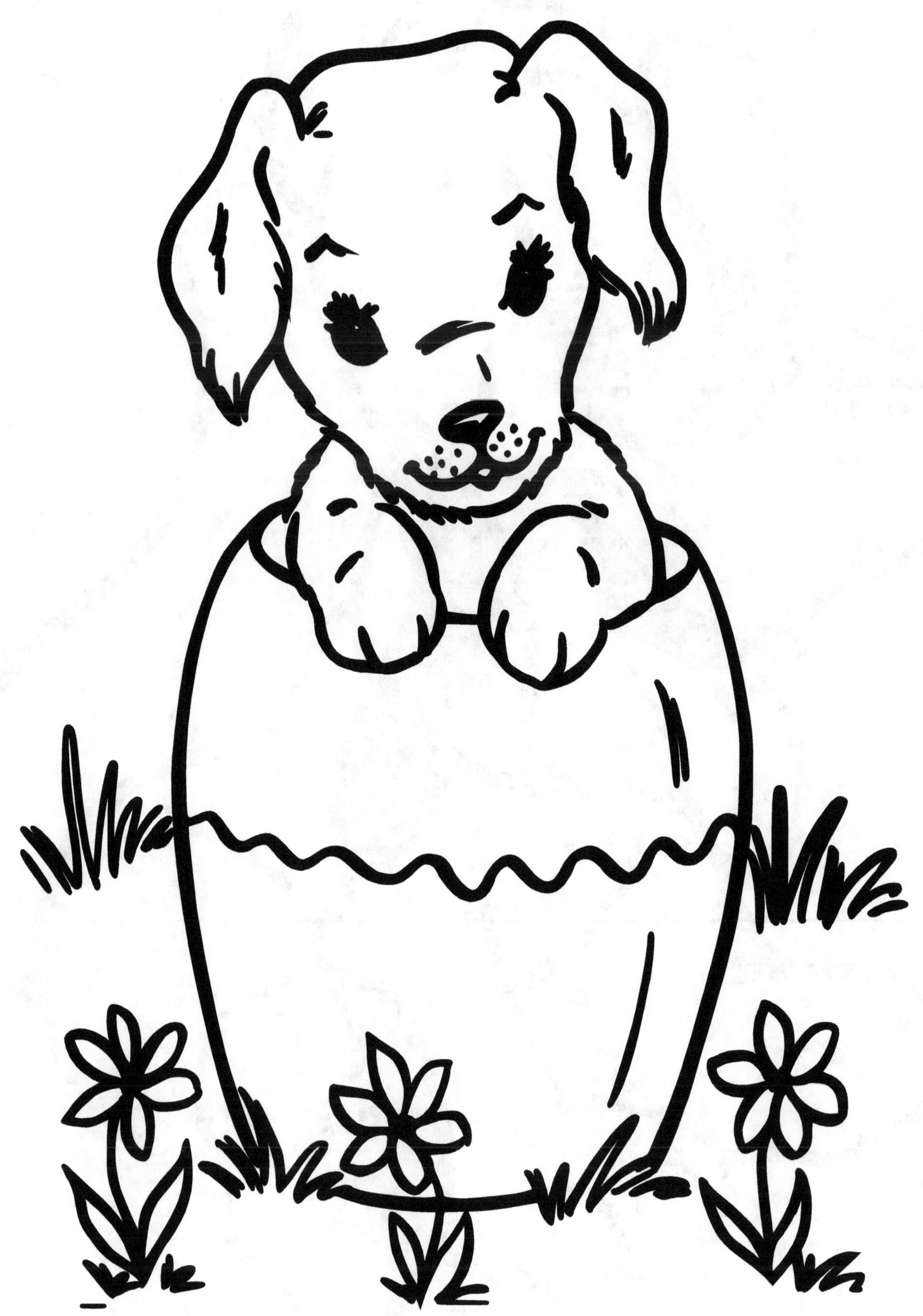

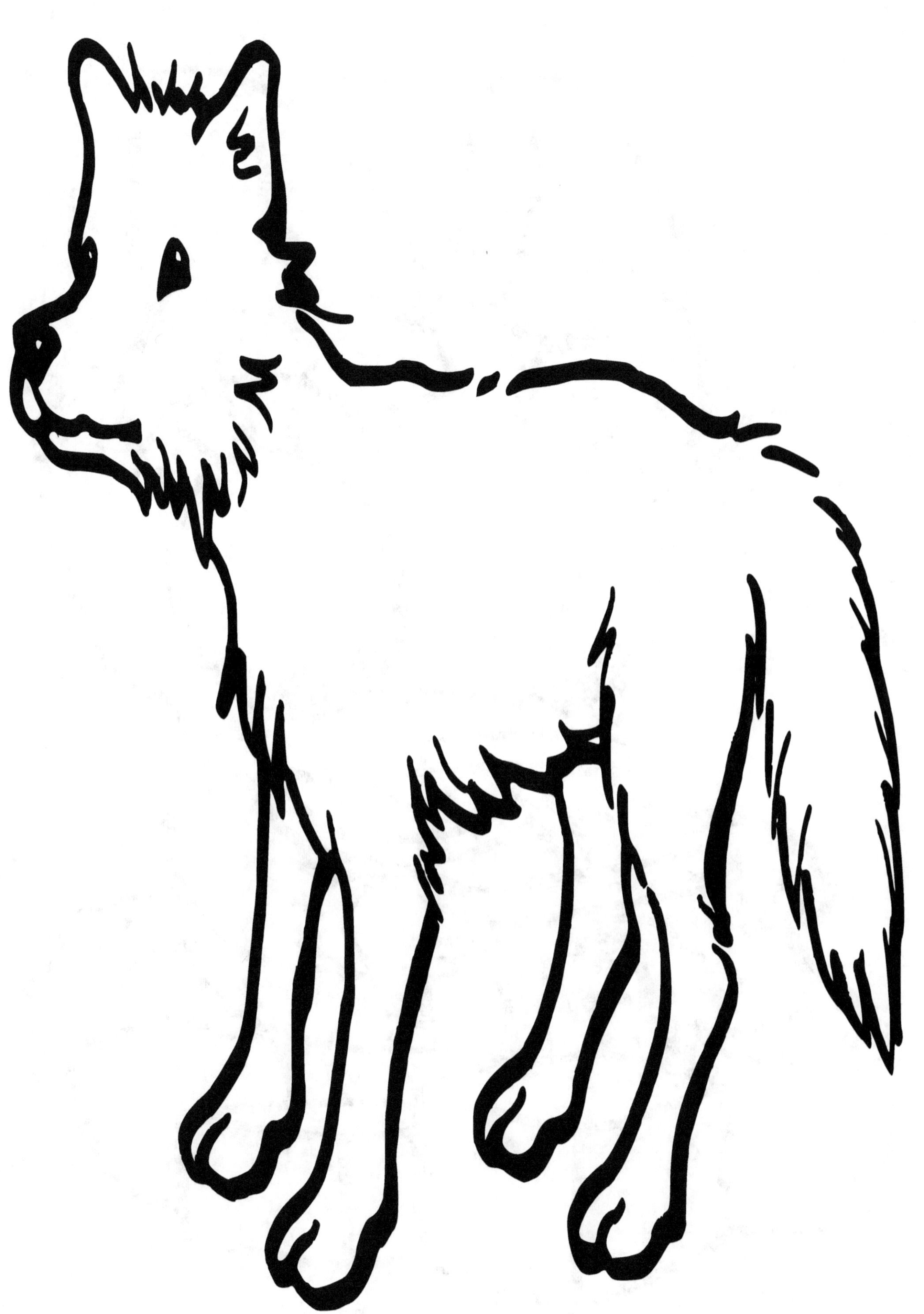

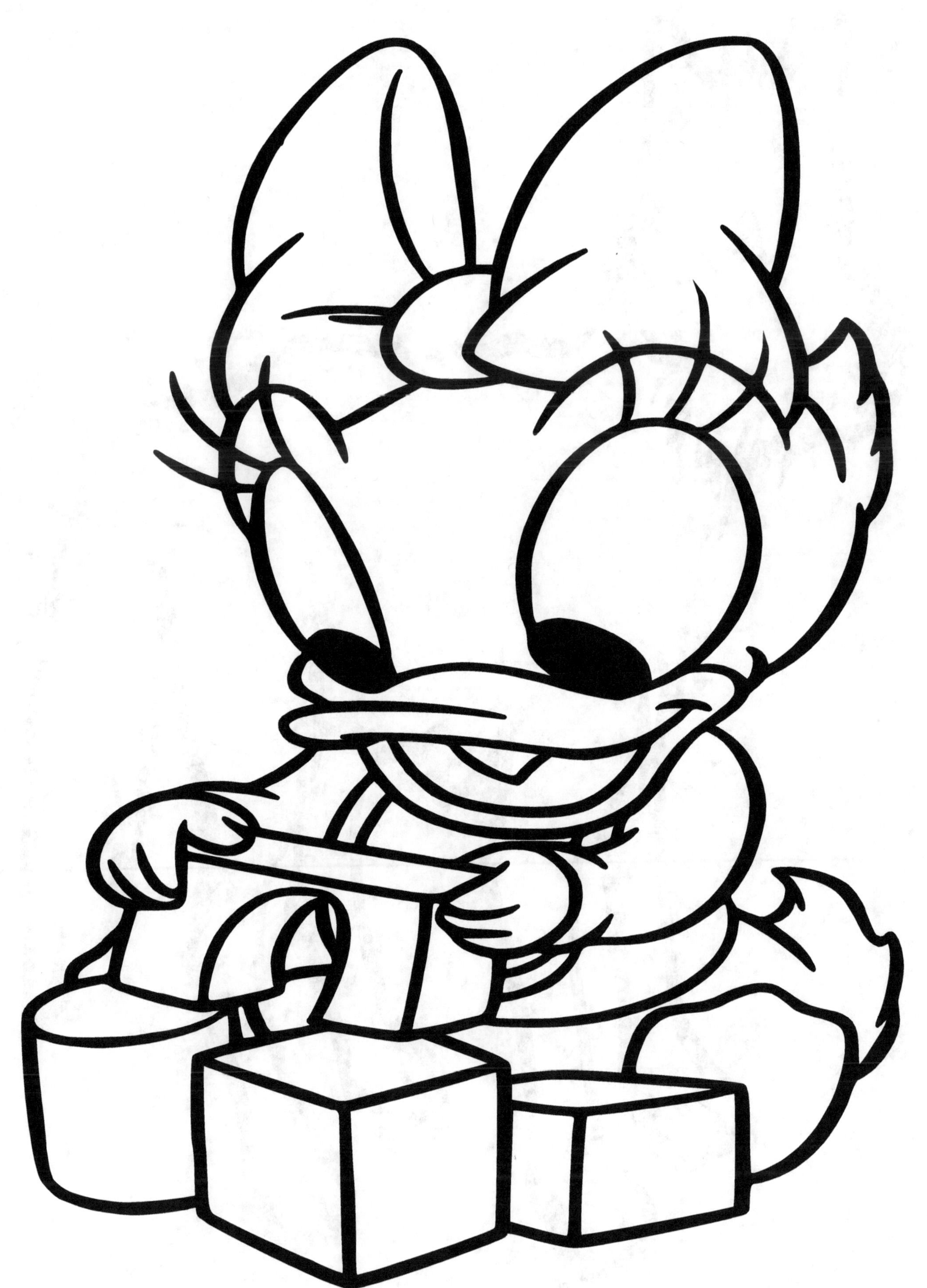

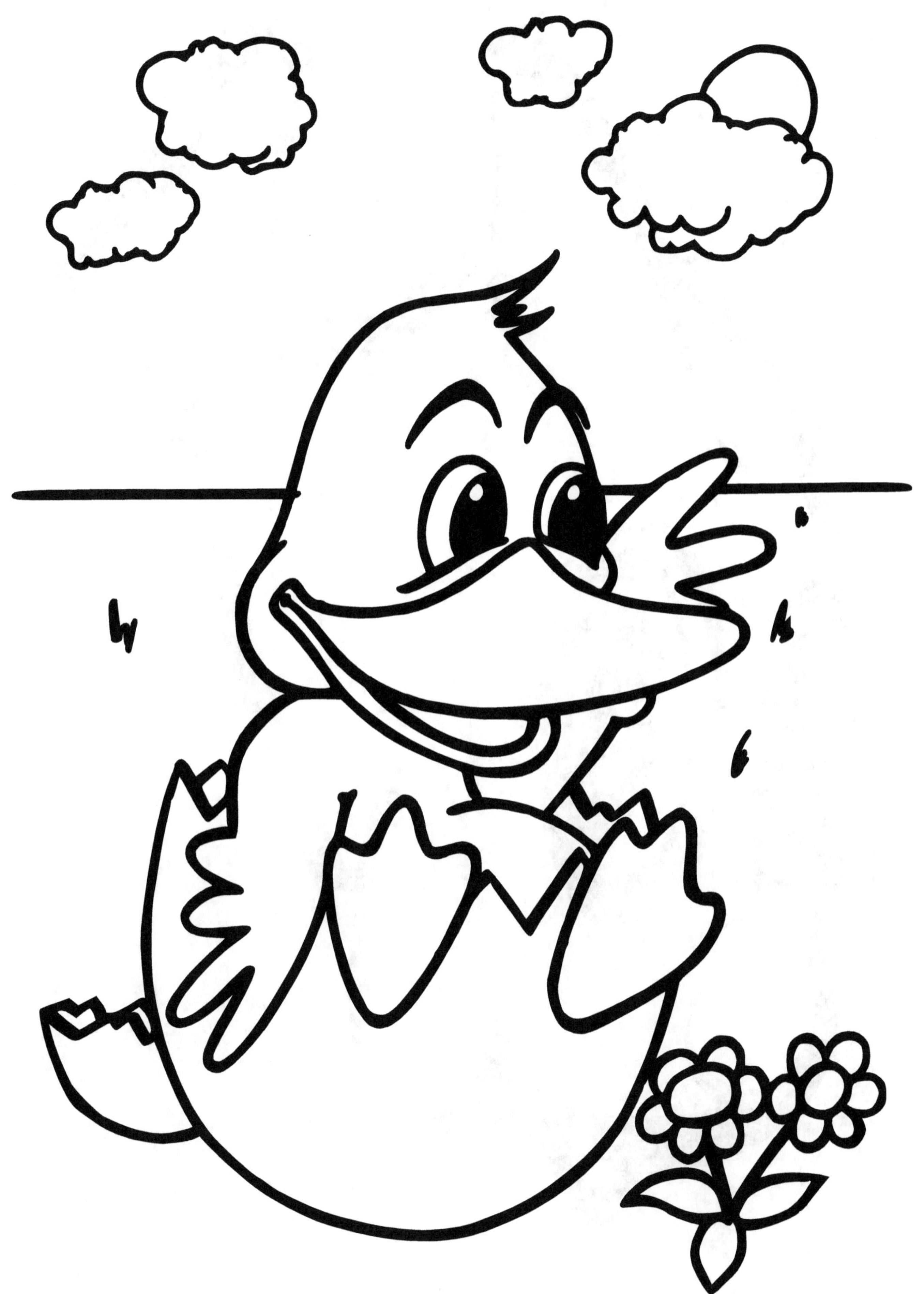

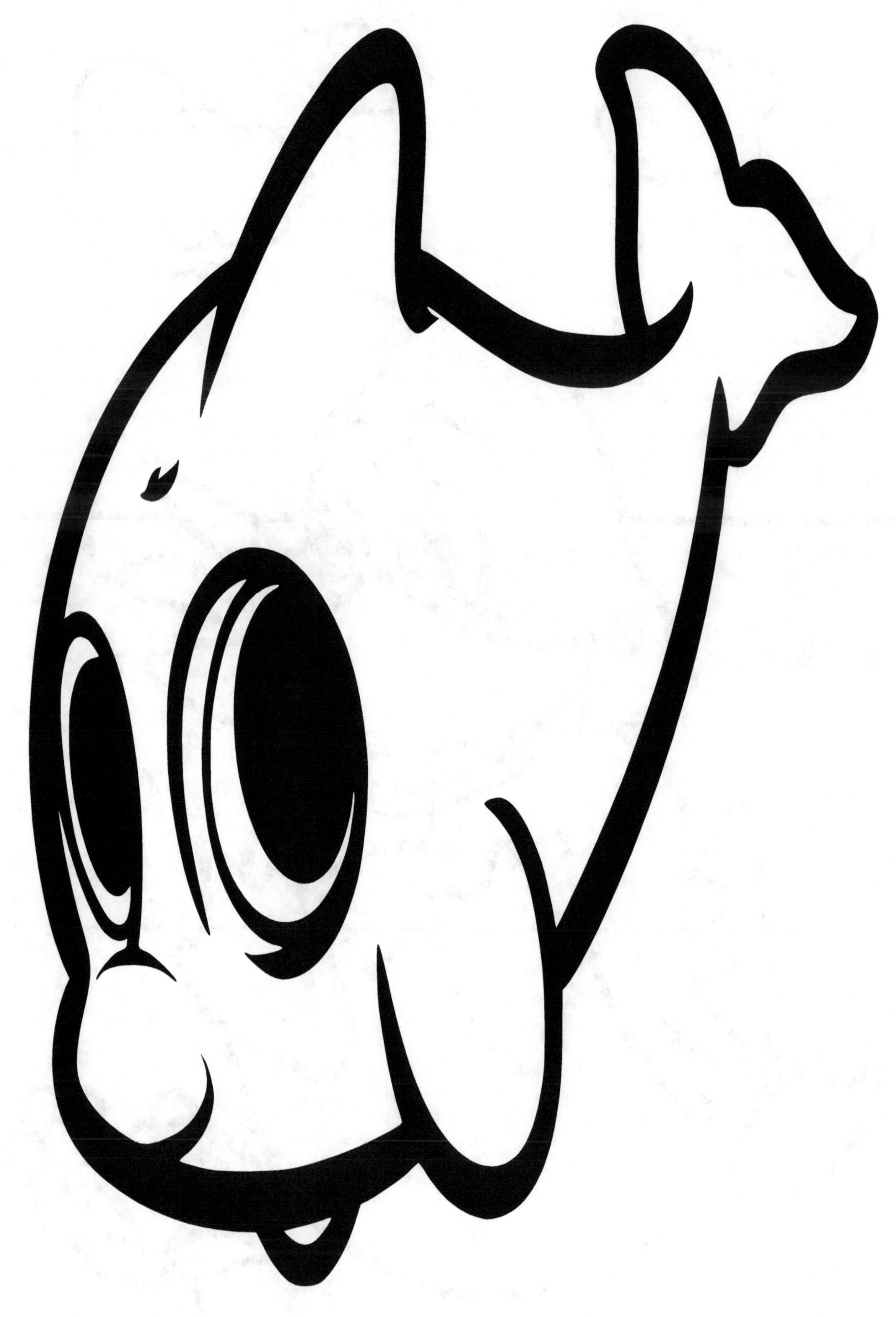

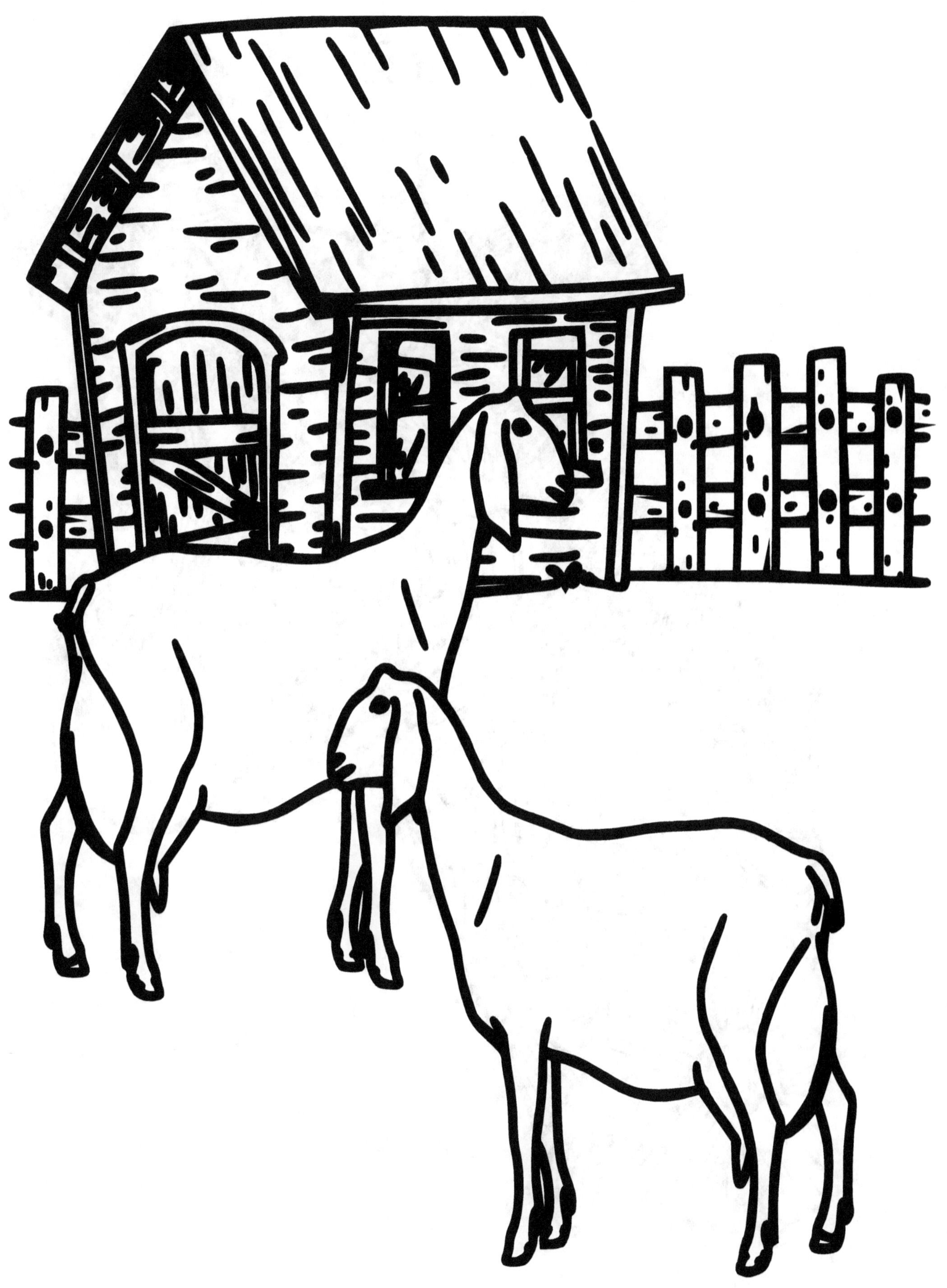

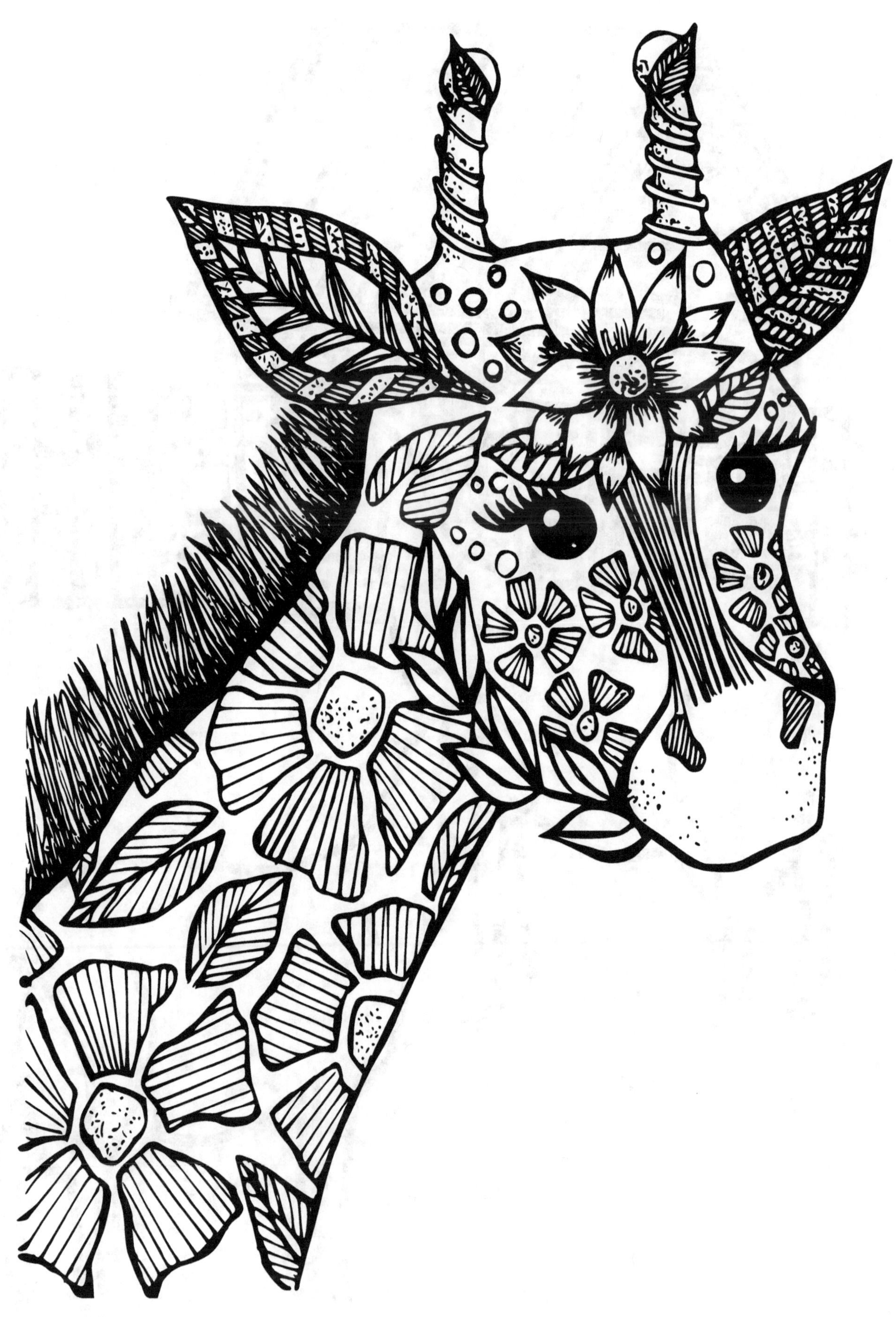

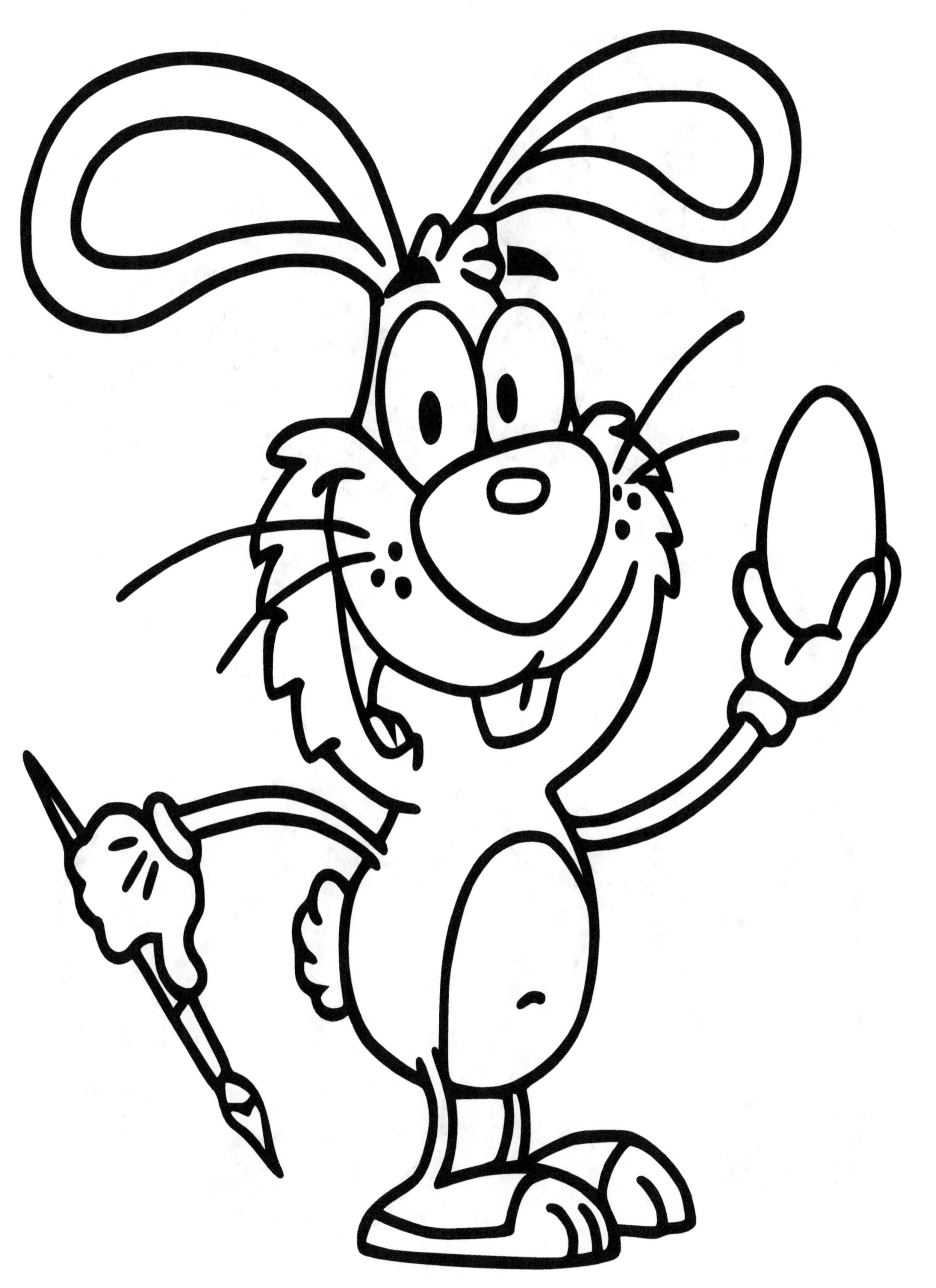

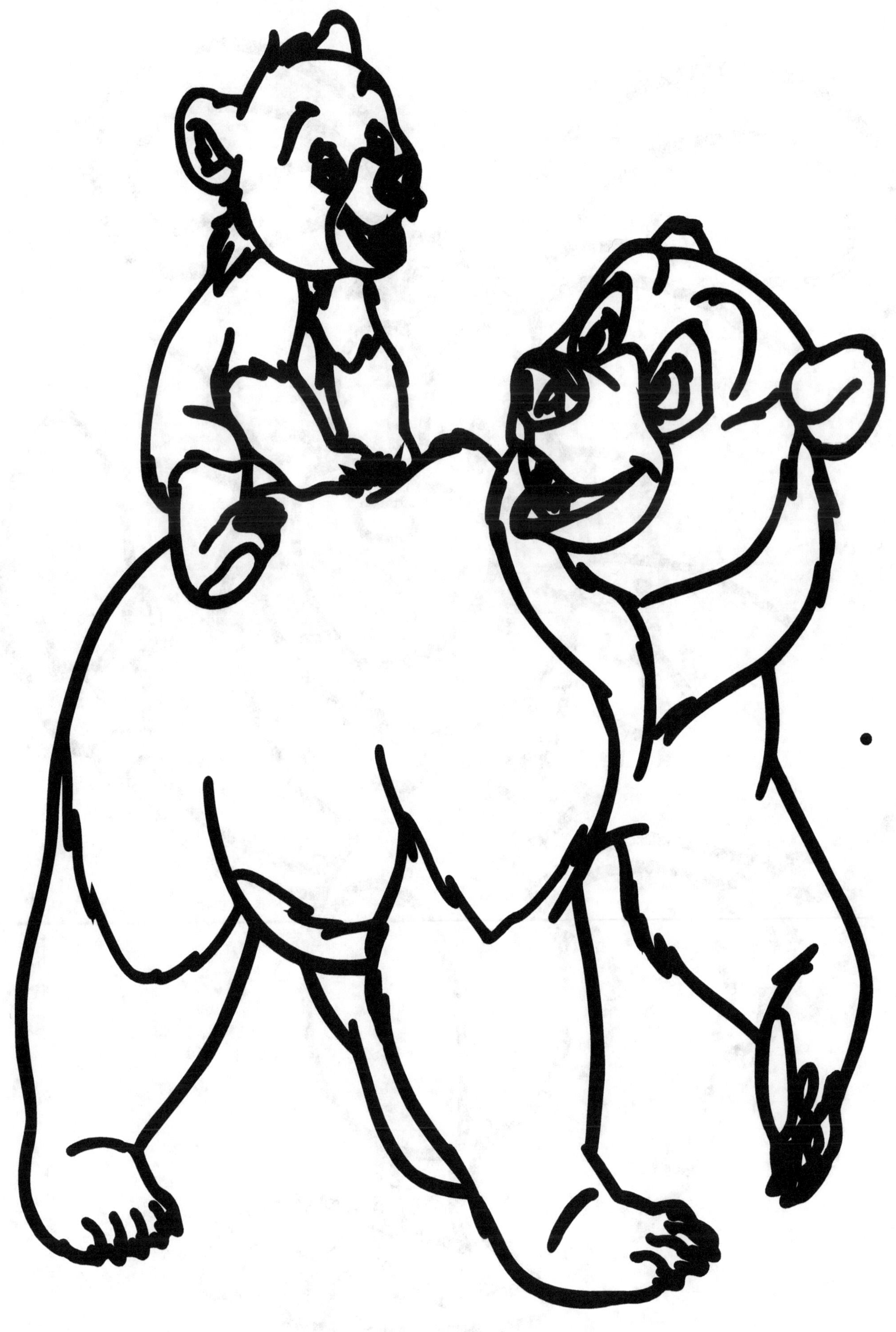

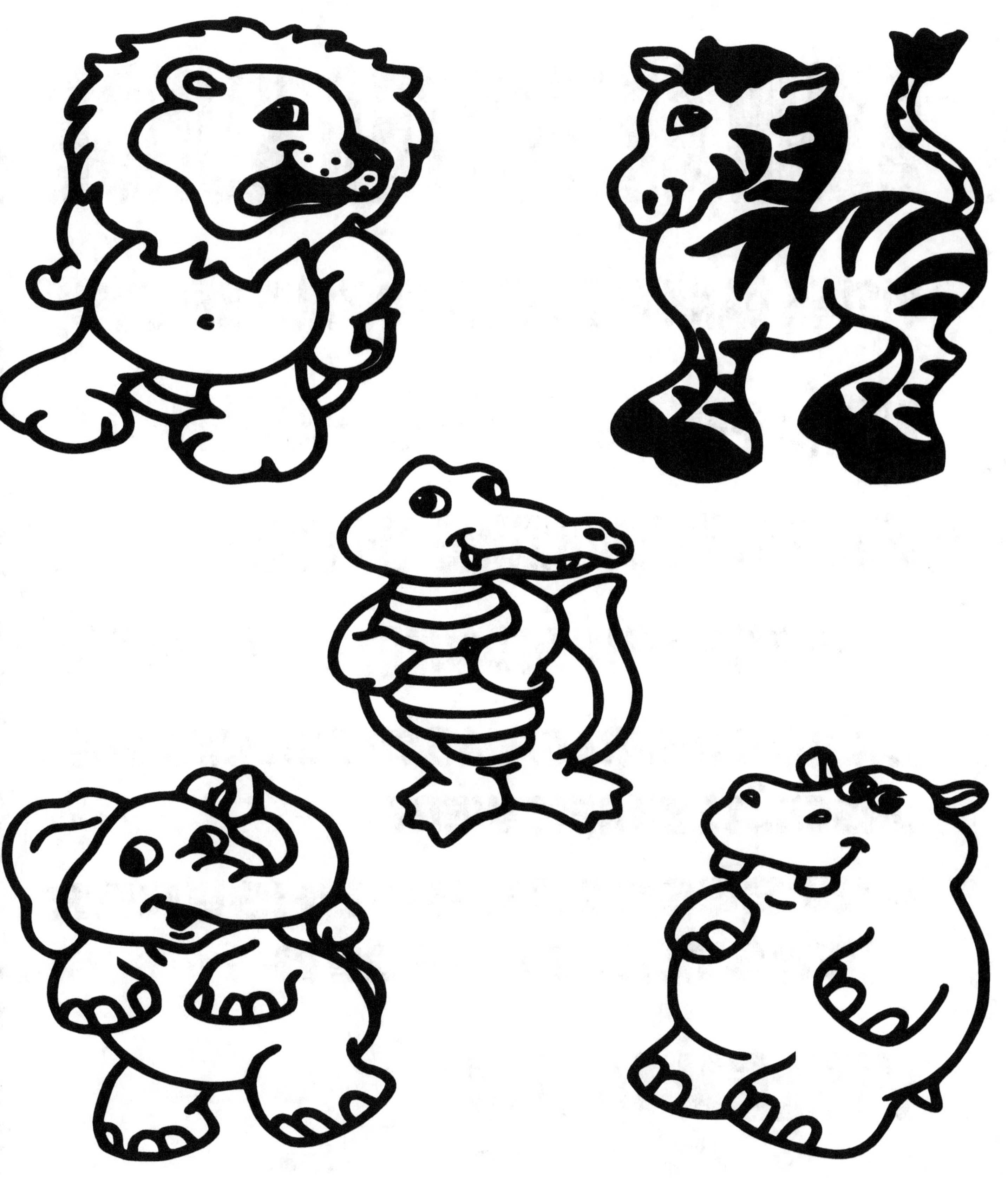

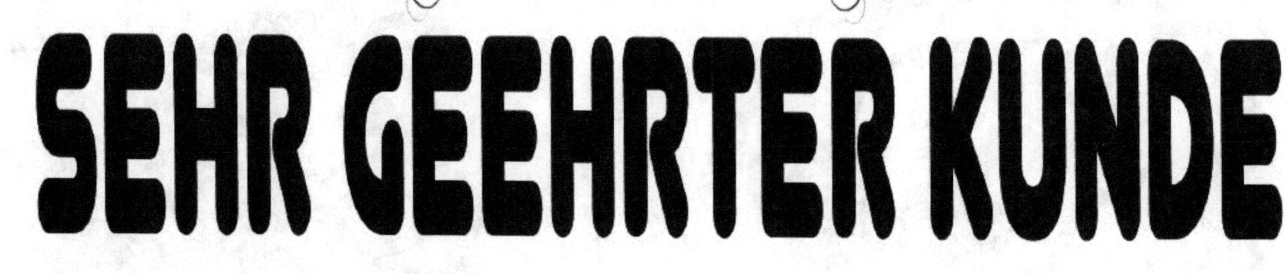

VIELEN DANK FÜR IHREN EINKAUF BEI UNS!

WIR HOFFEN, SIE GENIESSEN IHREN EINKAUF

IHRE KAUFERFAHRUNG BEI UNS?

DIE FERTIGSTELLUNG DAUERT CA. 4 MINUTEN

UNSERE UMFRAGE, ABER FÜR UNS VON UNSCHÄTZBAREM WERT

VERBESSERUNG UNSERER DIENSTLEISTUNGEN

VIELEN DANK!

www.ingramcontent.com/pod-product-compliance
Lightning Source LLC
LaVergne TN
LVHW080816170826
845678LV00011B/2027
* 9 7 9 8 7 1 8 2 7 0 5 9 4 *